Barbara Z. Jules

Das Muttersein
Erfahrung und Wahrheit

Impressum

Bibliografische Information der Deutschen Nationalbibliothek:
Die Deutsche Nationalbibliothek verzeichnet diese Publikation in der Deutschen Nationalbibliografie; detaillierte bibliografische Daten sind im Internet über http://dnb.dnb.de abrufbar.

© 2021 Barbara Z. Jules

Lektorat: Korrektorat: Malik Arno
Layout: Barbara Z. Jules
Grafik und Design: Simone Ivo

TWENTYSIX – der Self-Publishing-Verlag
Eine Kooperation zwischen der Verlagsgruppe Random House und BoD – Books on Demand

Herstellung und Verlag:
BoD – Books on Demand, Norderstedt

ISBN: 9783740780241

Inhaltsverzeichnis

Nirgends wird so viel verglichen	*..09*
Einem anderen Kind passiert nichts, nur meinem	*..11*
Die Freundinnen-Mamas	*..13*
Die Mamas der Freunde	*..15*
Die Freunde des Kindes	*..18*
Wer reagiert richtig	*..20*
Die allgemeinen Erziehungsstile	*..21*
Fernsehen	*..23*
Süßigkeiten	*..26*
Das Schlafen	*..28*
Die Babyschläfchen	*..33*
Das Einmischen	*..35*
Nervensache	*..38*
Die typischen Fettnäpfchen-Fragen	*..41*
Die liebe Milchpumpe	*..42*
Das Stillen – Teil zwei	*..45*
Die Beikost – Frage	*..48*
Kinderkrankheiten	*..50*
Impfen	*..54*
Medizin	*..56*
Wer bleibt beim Kind	*..59*
Fremdbetreuung	*..63*
Weihnachten mit Kind	*..65*
Kindergeburtstage	*..69*
Faschingsfeste	*..71*
Das Nachmittagsprogramm	*..72*
Spielsachen	*..75*
Einkaufen mit Kleinkind	*..78*
Marken-Klamotten vs. Second Hand	*..80*
Kinderwagen	*..83*
Kindertransport	*..85*
Urlaub mit Kleinkind	*..88*
Abschluss	*..92*
Quellennachweis	*..93*

Nirgends wird so viel verglichen

Über dieses Thema könnte man - glaube ich - 1000 Bücher schreiben, und das wäre noch nicht genug. Das fängt schon mal damit an, dass Kinder einander so ähnlich sind wie der Winter und der Sommer. Lange, lange brauchte ich, um das zu kapieren. Als mein Kind noch ein Baby war, verglich ich es ständig mit anderen Babys. Natürlich wusste ich, dass ich das nicht tun sollte, insbesondere da der Junge ja aufgrund seines Herzfehlers gar nicht mit den anderen verglichen werden konnte.

In der Schwangerschaft schwor ich mir noch, das nie zu machen, da ich ja schließlich heilfroh sein würde, wenn es ihm gut ginge, und alles andere völlig egal sei – denkste! Natürlich ist mir nach wie vor das Wichtigste, dass es ihm gut geht. Keine Frage, dies steht über allem. Und auch wenn er Defizite hätte, würde ich ihn so lieben, wie er ist. Davon bin ich überzeugt. Aber da mein Kind auf die Prognosen pfiff und sich so gut entwickelte, dass Vergleiche durchaus möglich waren, sickerte der Gedanke darüber, was wohl die anderen im gleichen Alter machten, immer mehr durch.

Wann wurde ich eigentlich zu so einer Vergleichs-Mutti? Nach dem langen Krankenhausaufenthalt nicht, da er bei der Physiotherapie auch den Kopf noch nicht heben konnte, was andere in dem Alter schon machten. Und ich war da auch sehr unbeeindruckt davon. Wann hätte er denn das bitte lernen sollen, wenn er einen Monat lang im Krankenhaus auf dem Rücken lag? Aber als wir immer mehr einen normalen Alltag bekamen und uns mit anderen Babys trafen oder Freundinnen erzählten, was ihre Kinder gerade Neues lernten, merkte ich schon, wie gut das Gefühl tat, wenn mein Kind etwas früh konnte. Lag es jetzt an seiner Krankheit, dass ich laut schreien wollte: Schaut her, was der alles kann, noch vor den gesunden Kindern? Ich glaube fast, dass es einfach eine Art Bestätigung für mich war, nicht immer darauf hören zu sollen, wenn man gesagt bekommt, welche Defizite das eigene Kind haben könnte.

Auch die nach der Geburt behandelnden Ärzte waren sehr positiv überrascht davon, wie er alles im Eiltempo aufholte und es jedem zeigte. Stolzer kann man auf sein Kind kaum sein. Aber ein bisschen sauer auf einen selber, auf die Gedanken, die man zuließ, die Kinder zu vergleichen und ob hoffentlich das eigene Kind in nichts hinterher hinken würde. Schrecklich, im Nachhinein schäme ich mich dafür. Vor allem, da ich wirklich ehrlich gemeinte Beruhigungen, die ich an andere Mütter aussprach, wenn ein Kind etwas noch nicht bewältigte, bei mir selber nicht anwenden konnte. Warum ist man bei anderen so ruhig und hat wirklich Vertrauen in den Lernfortschritt eines Kindes, wenn es bereit dazu ist, aber beim eigenen Kind nicht?
Da komme ich schon zum nächsten Thema.

Einem anderen Kind passiert nichts, nur meinem

Warum stehen andere Babys/Kleinkinder wie selbstverständlich auf und gehen durch die Wohnung, ohne dass irgendetwas passiert? Oft sitzen die Mütter sogar noch entspannt bei einem Kaffee, wenn das Kind die Welt erkundet. Aber meins kippt aus dem Nichts nach hinten, sogar im Sitzen. Die ganze Wohnung stattete ich jeden Quadratzentimeter mit Teppichen aus und bastelte meinem Kind sogar eine Art Helm mit einem Haarband von mir und einem Waschlappen drinnen, damit ihm ja nichts passierte. Ich konnte mein Kind nie aus den Augen lassen; egal, ob es durch die Wohnung krabbelte, robbte, ging oder einfach nur saß. Auch lief der Bub leidenschaftlich gerne gegen Türstöcke.

Am liebsten hätte ich die ganze Wohnung mit Schaumstoff ausgestattet. An den Kästen, Kanten... war er natürlich vorhanden. Auch danach, als wir die Spielplätze unsicher machten, egal ob im Kleinkindalter oder schon etwas später, hatte ich das Gefühl, die anderen Mamas wären die Ruhe selbst, wenn die Kleinen auf Klettergerüsten herum wirbelten. Als er noch klein war, stieg ich überall mit rauf. War dies nicht möglich, durfte er nur dann alleine hinauf, wenn ich ihn von unten sehen und halten konnte. Eigentlich war ich immer eine der wenigen Mamas, die überall dabei war. Egal, ob ich ihm nach rannte, wenn er mit dem

Laufrad fuhr oder einfach wo runterrutschte. Die Gefahr sah ich überall. Als ich noch keine Mama war, hätte ich es nicht für möglich gehalten, dass ein Kind sich bei einer Schaukel strangulieren, bei einer Rutsche eine Gehirnerschütterung zufügen, mit dem Laufrad die Zähne ausschlagen oder in der Sandkiste ersticken könnte. Wenn ich andere Mamas auf den Bänken sitzen sah, die Kinder fröhlich spielend nebenbei, dachte ich mir immer, dass dies bei mir auch mal so aussehen würde.

Man trifft sich zum Kaffee-Klatsch, die Kinder kommen an die frische Luft und haben ihren Spaß. Wenn ich dann mit meinem Kind am Spielplatz war, scannte ich vorher alle möglichen Gefahrenquellen und die damit verbundenen Konsequenzen. Spaß war das für mich nicht, auch mein Kind fand es wahrscheinlich nicht sonderlich lustig, dass ich immer und überall hinten dran war. Aber genau meinem Kind passierte immer wieder mal was. Auch oder genau, weil ich daneben stand. Ich weiß nicht, ob die Kleinkind-Jahre genauso vorbeigegangen wären, hätte ich diese „Überfürsorge" nicht walten lassen. Als ich ihn beim Abholen vom Kindergarten zum ersten Mal auf der Rutsche oben stehen sah, malte ich mir in Sekundenschnelle aus, was da alles passieren könnte. Mich traf fast der Schlag. Aber zugegebenermaßen wurde er erst da stetig sicherer und lernte in unglaublicher Schnelle solch eine Selbstständigkeit, die mich wirklich beeindruckte. Ich glaube, ihm tat es gut, dass nicht immer jemand ständig hinter ihm nach torkelte.

Die Freundinnen-Mamas

Das mit den anderen Müttern ist ja immer so eine Sache. Eine Freundschaft steht und fällt oft mit dem Erziehungsstil oder besser gesagt, wie die eine Freundin damit umgeht, wenn die andere nicht derselben Meinung ist in Punkto Kindererziehung. Ich habe da die unterschiedlichsten Dinge erlebt. Es gab Freundinnen, mit denen ich mich vor den Kindern so wunderbar verstand, dass ich es nie für möglich hielt, uns könnte je was trennen - bis die Kinder kamen. Da viele von uns Löwenmamas sind und unsere Kinder bis aufs Blut verteidigen, konnten hier Reibungspunkte entstehen. Wenn zum Beispiel die Kinder zuerst stritten und sich dann schon längst wieder vertrugen, wussten die Mamas noch immer nicht so recht, wie man mit dem Verhalten der anderen umgehen sollte; das war schwierig. Lösungsansätze gäbe es da viele.

Man könnte versuchen, mit der Mutter offen zu reden, dass man sich unsicher sei und nicht recht wisse, wie man sich verhalten solle. Oft ist der direkte Weg der beste. Möglich wäre auch, sich ohne die Kinder zu treffen, falls man feststellt, dass es immer wieder zu Konflikten kommt und es sich nicht richtig klären lässt. Oder man schluckt es einfach runter. Genau das Gegenteil erlebte ich bei anderen Freundinnen, mit denen ich mich vor den Kindern nicht so gut verstand und jahrelang Funkstille hatte. Durch die Kinder aber fanden wir irgendwie wieder zusammen. Auch am Spielplatz oder im Kindergarten wurden wunderbare

Freundschaften geschlossen. Sogar über eine Plattform im Internet fand ich einen wunderbaren Menschen, der mich durch die ganze Baby- und Kleinkinderzeit begleitete. Und natürlich gibt es die Freundinnen, wo es vorher schon passte und jetzt auch noch passt.

Ich muss sagen, ich bin froh und glücklich, so wie es ist. Ich lernte zu akzeptieren, wenn eine Freundschaft nur für einen Lebensabschnitt hielt. Es öffnen sich ständig neue Türen, und noch nie lernte ich so viele neue Menschen kennen wie jetzt als Mutter. Wenn es so sein soll, dann kommen auch die anderen Beziehungen wieder, bei denen es für einen gewissen Zeitraum halt nicht gepasst hat.

Abb.: 01

Die Mamas der Freunde

Ja, und dann sind da noch die Mamas der Freunde des Kindes. Ich glaub´, das kennt jeder, wenn ich sage, alle kann man nicht mögen. Ich bin vom Typ her ein Mensch, der versucht, sich mit allen zu verstehen und vor allem bereit ist, jedem eine Chance zu geben, sich in mein Herz einzuschleichen. Bei manchen klappt es, bei manchen halt nicht. Aber genau dann, wenn man nichts erzwingt, kommen sie, die Neuen. Da mein Kind in einer Gruppe im Kindergarten ist, wo alle unterschiedlich alt sind, kommen und gehen jedes Jahr neue Kinder und damit auch neue Mamas. Einige von ihnen wurden dabei über das Kindergartenjahr hinaus zu Freunden.

Als mein Kind das erste Jahr besuchte, fühlte ich mich als kompletter Neuzugang, was ich ja auch war. Ich versuchte, die Kinder kennen zu lernen – vor allem die Freunde meines Kindes – und war bemüht, über die Mamas den Kontakt herzustellen, damit sich mein Kind leichter integrieren und vielleicht schneller Freundschaften knüpfen konnte. Da lernt man dann Frauen kennen, mit denen man sich so nie getroffen hätte, gäbe es nicht die Kinder. Oder auch, es ergibt sich nicht nur für das Kind eine neue Freundschaft. Bei dem ersten Freund, den mein Kind auserkor, sprach mich die Mutter an, was mich ehrlich gesagt sehr wunderte, aber natürlich freute. Wir trafen uns auf einem Spielplatz, wo die Kinder in Höhen kletterten, die mir einen Schrecken einjagten, und dieser Umstand machte es mir fast unmöglich, mich auf das Gespräch zu konzentrieren. Da die Mama aber sehr entspannt zu sein schien, versuchte ich zu vertrauen. Es passierte zum Glück nichts. Wir haben nach wie vor Kontakt, und ich genieße das Zusammensein immer sehr mit ihr und den Kindern. Da sie die Kleinen einfach Kinder sein lässt, wird den ganzen Nachmittag getobt und gelacht und geschrien (im positiven Sinne), und keinen stört es. Im zweiten Kindergartenjahr orientierte sich mein Sohn immer mehr an einem Jungen, der das komplette Gegenteil war. Sehr ruhig.

Die zwei verstanden sich aber so gut, dass das nicht nur kurz andauerte, sondern sie sich auch außerhalb des Kindergartens treffen wollten. Im dritten Kindergartenjahr hatte mein Sohn keinen speziellen Freund. Es gab einen Jungen, dessen Mutter mich ansprach, bei der ich vermutlich normalerweise keinen Kontakt gesucht hätte. Aber das ist eben das echt Tolle an der Kindergartenzeit. Man hat die Gelegenheit, oft auch ein bisschen gezwungenermaßen neue Leute kennen zu lernen, und dann ergibt sich oft Wunderbares.

Im letzten Kindergartenjahr lief alles wie von selbst, er hatte viele Freunde, mit echt netten Mamas dazu. In diesem Jahr erweiterte sich unser beider Horizont. Ich durfte Zeuge einer richtig tollen Freundschaft werden, die weit über den Kindergarten hinaus ging. Von dieser Mutter lernte ich sehr viel Gelassenheit, und sie schenkte mir sehr viele wundervolle entspannte Stunden. Mit den Jungs, aber auch ohne. Da wir uns auch oft mit der Kinderbetreuung abwechselten, konnten wir in Ruhe Erledigungen machen, oder auch einfach mal nur die Seele baumeln lassen. Das letzte Kindergartenjahr war somit aus meiner Sicht das Entspannteste!

Abb.: 02

Die Freunde des Kindes

Womit wir gleich beim nächsten Thema wären, die Freunde des eigenen Kindes. Ja, das ist so eine Sache. Es gibt ja Kinder, die sieht man als Mama oder Papa und denkt sich aus, wie schön es wäre, wenn das eigene Kind mit diesem Buben oder Mädchen spielen würde. Nur leider ist es meist so, dass die eigenen Kinder genau die Freunde gernhaben, bei denen man selbst vielleicht etwas skeptisch ist, wenn es ums Aussuchen geht. Wie geht man jetzt damit am besten um, wenn das Kind einen Freund daheim hat, der einen fast „die Bude zerlegt", nach eigener Meinung nicht gerecht mit dem eigenen Kind umgeht, weil es dieses zum Beispiel nach Lust und Laune herumkommandiert oder einen selbst mit so vielen Fragen löchert, dass man sich schwer auf anderes konzentrieren kann? Meine Theorie: aushalten. Ich kann meinem Kind nicht vorschreiben, mit wem es sich zu verstehen hat.

Ich weiß, dass mein Kind sich sehr wohl wehren kann, wenn es ihm zu viel wird; und wenn es für mich zu ungerecht wird, schreite ich natürlich ein. Als ich noch ein Kind war, hatte ich auch Freunde, die meine Mutter nicht unbedingt sympathisch fand, aber sie hat es trotzdem erlaubt, mich weiterhin mit ihnen zu treffen. Sie hat mich meine Erfahrungen machen lassen. Natürlich waren da auch welche dabei, die ich eigentlich eher meiden hätte sollen, aber ganz ehrlich: Wenn mir meine Mutter den Umgang verboten hätte, wäre ich wahrscheinlich erst recht zur Zielscheibe geworden. Was gibt es denn bitte Peinlicheres? Also versuche ich so gut es geht, dies bei meinem eigenen Kind weiterzuführen. Manchmal habe ich ein schlechtes Gewissen, wenn ich mir bei einem Konflikt denke, ob ich nicht mehr Partei für meinen Sohn ergreifen müsste. Aber dann appelliere ich an meine gute Einschätzung, wann es wirklich nötig ist. Ich glaube, ich weiß es eigentlich schon, wann der Hut brennt und wann nicht, auch wenn es für mich oft schwer ist zuzusehen.

Sobald es allerdings körperlich wird, schreite ich sofort ein, aber so, dass es für die andere Mama nicht unangenehm wird oder wir uns deswegen womöglich sogar in die Wolle kriegen könnten. Schließlich ist es ja bei Kindern so, dass sie einen Streit binnen fünf Minuten komplett ausblenden können und wir Erwachsenen oft nicht, darum versuche ich, einen kühlen Kopf zu bewahren und nehme mir ein Beispiel an den Kindern. Als ich zum ersten Mal von einem anderen Kind hörte, wie es zu meinem sagte, es sei nicht mehr sein Freund, brach es mir das Herz. Mit der Zeit lernte ich, dass dieser Satz so oft kommt wie: Ich habe Hunger. So schnell sie die Freundschaft beendeten, so schnell schlossen sie diese auch wieder. Selbst von meinem Sohn hörte ich diesen Satz schon oft.

Wer reagiert richtig

Andere Mütter, andere Sitten. Zwischen zu viel und zu wenig Partei-Ergreifen liegt oft ein schmaler Grat. Ein Kind nimmt einem anderen die Schaufel weg. Die eine Mama startet wutentbrannt auf das andere Kind zu, reißt ihm die Schaufel aus der Hand und gibt sie dem eigenen zurück. Die andere reagiert gar nicht und trinkt ihren Kaffee weiter; auch, als beide sich gegenseitig das Werkzeug auf den Kopf kloppen. Die andere geht sofort hin und hält einen elend langen Monolog darüber, was Teilen anbelangt. Und wiederum eine andere wartet ab und schreitet im Notfall kurz und knapp ein. So meine Lieben, wie reagiert ihr? Ich denke ja, ehrlich gesagt kommt es auch ein bisschen auf die Tagesverfassung an.

Viele haben sich wahrscheinlich zurechtgelegt, wie sie reagieren wollen, und manchmal hält man es dann durch, manchmal aber auch nicht. Und dann kann man ewig sauer auf sich selbst sein oder versuchen, es beim nächsten Mal besser zu machen. Gelegenheiten kommen noch genug. Es gibt zahlreiche Beispiele wie diese. Und ich gehöre zu den „Grübel-Menschen", mache mir oft und lange Gedanken darüber, ob ich mein Kind genug verteidigt, den anderen nicht vor den Kopf gestoßen oder zu wenig beachtet habe und zu viel mein Kind schimpfte, ob ich gegenüber der Mama richtig reagiert habe und ob dies jetzt alles pädagogisch korrekt war. Und die andere Mama denkt sich vielleicht absolut nichts dabei, oder sie ist so wie ich.

Dann haben wir die Chance, gleich zu reagieren, und es passt für alle, oder dies war das Ende der Spielplatzfreundschaft. Ich versuche stets, für alle bestmöglich zu reagieren. Ich habe noch nicht nachgefragt, denke aber, dass es immer halbwegs für alle passt. Schließlich kommen wieder neue Einladungen.

Die allgemeinen Erziehungsstile

So, da fängt es schon mal an, ich weiß eigentlich gar nicht, nach welchen Mustern ich genau erziehe? Heutzutage muss ja jeder schon fast ein Konzept haben, nach dem er sich zu richten hat. So wie wenn man im Kreißsaal einen Zettel abgibt, nach welchen Kriterien man das Kind erziehen will. So als ob man wählt, welcher Religion es angehören soll. Lange habe ich mir überlegt, wie ich erziehen soll und mir auch viel einreden lassen von allen möglichen Menschen, bewusst oder unbewusst.

Beim ersten Kind hat man ja eigentlich auch überhaupt keine Ahnung. Natürlich will ich, dass mein Kind gewaltfrei aufwächst und dies später auch selbst so praktiziert. Mir ist wichtig, dass es „Bitte" und „Danke" sagt, was für mich ja eigentlich eine Selbstverständlichkeit sein sollte. Ich wurde aber sogar schon im Supermarkt angesprochen, dass mein Kind so höflich und gut erzogen sei. Fällt das dann schon unter Erziehen, wenn man die Grundregeln befolgt? „Hallo" und „Tschüss" ist mir auch wichtig, wobei ich sagen muss, da hält sich meine Strenge schon wieder in Grenzen. Im Kindergarten zum Beispiel muss er den Pädagoginnen beim Grüßen in die Augen sehen.

Ja ich weiß, das ist wichtig, aber ich vernachlässige es hin und wieder trotzdem. So etwas von egal ist mir allerdings, ob er wem die Hand gibt. Meiner Meinung nach muss er das nicht tun und schon gar nicht mit der „richtigen Hand", wie es so schön heißt. Was ist denn bitte, wenn ein Kind Linkshänder ist, hat er dann eine „falsche Hand"?? Mein Kind muss zuhause niemandem die Hand geben, hab´ ich auch so in einer Schulung gelernt, dass beide Beteiligten einverstanden sein müssen, sich die Hand zu geben.

Das sehe ich genauso. Ein liebes „Tschüss" oder „Hallo" muss doch reichen, oder? Auch das gezwungene Bussi-Geben, das ja viele Mütter den Kindern suggerieren, finde ich nicht richtig. Ich will ja auch keinem ein Bussi geben, den ich mir nicht selbst als Freund ausgesucht habe, oder? Wenn mein Kind das so will, soll es das von sich aus machen. Was ich mir allerdings wünsche, ist, dass ich als Mama Bussis bekomme. Aber wenn ich ihm schon beibringe, dass er niemandem ein Bussi geben muss, wenn er das nicht will, dann natürlich auch mir nicht. Und dann sind freilich die wichtigen Fragen im Leben: Was oder wie viel lasse ich meinem Kind durchgehen, wo ist die Grenze? Wie viele Regeln gibt es? Ich habe mal gelesen, man soll sich vor dem Kleinkindalter überlegen, welche Werte man dem Kind mit ins Leben geben will und es dann danach erziehen. Okay, ich will eben das höfliche „Bitte", „Danke", „Hallo" und „Tschüss".

Und es soll respektvoll mit anderen umgehen, akzeptieren, wenn wer anders ist. Es wird gewaltfrei gelebt. Ich meine, das ist es dann auch schon, ehrlich gesagt. Ich glaube nämlich, dass sich Kinder zum großen Teil sowieso selbst entwickeln nach ihrem Charakter. Ändern kann ich das nicht, der ist schon im Mutterleib festgelegt. Ich kann nur versuchen, ihn zu leiten, ihm mit bestem Beispiel voranzugehen und ihm andere Wege aufzuzeigen, wenn er meiner Meinung nach nicht richtig handelt. Er muss allerdings von selber draufkommen, welcher Weg für ihn der richtige ist.

Fernsehen

Das ist ein riesiges Thema, finde ich. Es gibt kaum eines, das mich länger begleitet, und das wird eigentlich nie aufhören, bis er alt genug ist, selbst zu entscheiden, wie viel gut für ihn ist. Er durfte schon relativ bald schauen, aber immer nur wenig. Die Richtlinien, die in den Büchern zu finden sind, hielten wir noch nie ein. Lieber suchte ich Rat bei anderen Mamas, wie viel Zeit ihre Kinder damit verbringen durften. Meist deckten sich unsere Meinungen.

Es gibt immer Eltern, wo die Kinder mehr oder weniger oder auch gar nicht schauen dürfen, aber ich bin meist im Mittelfeld dabei. Am Anfang kontrollierte ich sehr streng die Dauer mit der Uhr. Exakt nach zwei Folgen seiner Lieblingsserie war dann Schluss. Mit zunehmendem Alter wurden dann andere Serien interessanter. Wir schauten aber immer darauf, dass diese auch geeignet waren. Das mit den Jugendschutz-Angaben, finde ich, ist ja auch so eine Sache. Manche Filme sind ab null Jahren, wo ich mir denke: „Welche Mama bitte lässt ihrem Kind diesen Film ansehen ohne dass es Albträume kriegt?" Wobei ja alle Kinder auch unterschiedlich darauf reagieren. Und manche finde ich sehr harmlos, obwohl die erst ab sechs sind. Naja, ich denke, man muss es für sich selber entscheiden. Was mir dann mächtig gegen den Strich ging – es fing ab vier an - ist das Konsole-Spielen.

Wenn es nach mir gegangen wäre, hätte ich es erst im Volksschulalter gestattet, aber leider sah das der Mann nicht so. Und wie sollte es denn anders sein, begann er mit ihm heimlich zu spielen, als ich in der Arbeit war. Und ist erst mal das Feuer entfacht, bekommt man es nicht mehr so schnell gelöscht. Mein Mann meinte, er müsse ihm alles Mögliche zeigen. Unser Sohn meinte, er müsse alles nachmachen aus dem Fernsehen und wie seine Helden durch die Gänge flitzen oder zu kämpfen. Ich muss ihn oft fragen, wie sie heißen, da ich mir die Namen schlecht merke, und für mich ist ein gewisser Held dann „die grüne Fee", im Sinne von Verniedlichung, damit es nicht mehr ganz so wild erscheint für mich. Später dann aber fing es auch an, meinen Mann zu stören, und seitdem wurde es reduziert.

Als wir jetzt für längere Zeit wieder zu Hause waren nach einem Krankenhausaufenthalt, wurde das Spielen und Fernsehen natürlich immer mehr, und es ist sehr schwierig, ihm das wieder abzugewöhnen. Aber seit dem Kindergarten ist bis Mittag sowieso automatisch nichts möglich, und dann versuche ich auch Schritt für Schritt, es wieder auf normale Zeitdauer anzupassen. Das sollte zweimal eine Dreiviertelstunde sein. Ich glaube, es passt ganz gut für ein Alter von fünf Jahren. Laut den Büchern natürlich nicht. Ich kenne aber viele Mamas, die sagen, die Kinder dürfen einmal am Tag schauen dafür aber einen ganzen Film. Wir teilen es halt auf. Ich glaube, es gibt sowieso immer was daran zu meckern, und es wird stets zu viel sein, aber solange sich das Kind so auch beschäftigen kann und viel an der frischen Luft ist und wir als Eltern viel mit ihm machen, ist doch alles in Ordnung, oder?

Abb.: 03

Süßigkeiten

Im ersten Lebensjahr bekam mein Sohn keinen Zucker. Akribisch achtete ich darauf, ihn gesund zu ernähren. Das wird er auch heute noch. Allerdings nicht mehr ganz so streng. Es beschäftigte mich lange, lange sehr intensiv; allgemein wegen der Ernährung. Mittlerweile denke ich, wenn ein Kind sich gut ernährt, jeden Tag Obst und Gemüse isst, darf es auch täglich eine kleine Süßigkeit geben. Es gibt ja Mamas, die sind da extrem streng, und ehrlich gesagt, habe ich den größten Respekt davor. Auch wenn sie das Thema „Fernsehen" in gleicher Weise angehen. Aber erstens esse ich selber jeden Tag ein bisschen was Süßes (und ich bin im Bereich „Normalgewicht"), und zweitens achte ich sehr darauf, dass er regelmäßig Obst und Gemüse zu sich nimmt und so gut wie nie Fast-Food isst. Somit sehe ich das nicht so eng. Bei uns wird immer frisch gekocht, jeden Tag. Und es gibt zur Jause immer sehr viel Gemüse am Abend. Auch im Kindergarten. Meine Mama meinte schon oft sie kenne kein Kind, das mehr Gemüse isst als meines. Also begann ich, mich in diesem Punkt zu entspannen und versteckte mich nicht mehr jedes Mal, wenn ich selber etwas Süßes wollte, oder wartete damit, bis er schlief. Schwierig könnte es sein, wenn man die Mama eines Freundes noch nicht so gut kennt und noch nicht weiß, welche Einstellung sie zu Süßem hat.

Ich erlebte zwar schon viel, von ganz unlimitiert bis zur absoluten Abstinenz. Zum Glück wurde ich aber noch nie von jemandem angesprochen, dass mein Junge zu viel kriegen würde. Vorsichtig bin ich trotzdem immer, wenn die Kinder was Süßes wollen, da muss zuerst die andere Mama gefragt werden. Nur eine Mutter ist in meinem Umfeld dabei, wo ich finde, sie ist zu streng in dem Punkt. Da komme ich mir manchmal als ziemlich schwach neben ihr vor, wenn ich sehe, mit welcher Bestimmtheit sie die Süßigkeitenfrage abwimmelt. Neidisch bin ich natürlich auch auf sie, dass sie das so gut schafft.

Noch ein Thema sind ja dann auch die süßen Säfte. Mein Bub hatte lange nur Wasser, bis er als Kleinkind mal richtig krank wurde und es besonders wichtig war, viel zu trinken. Sogar die Kinderärztin meinte, ich kann ihm mehr anbieten, was ihm schmeckt, damit er genug Flüssigkeit kriege. Seitdem trinkt er natürlich nichts anderes mehr. Im Kindergarten gibt es nur Wasser. Ich hatte zwar am Anfang Angst, dass er dann dort gar nichts mehr trinkt, bin aber prinzipiell sehr froh darüber, dass er am Vormittag nur Wasser bekommt. Und am Nachmittag gibt es Verdünnungs-Saft mit viiiieeel Wasser gemischt. Ich würde mir für uns beide wünschen, nur Wasser zu trinken, aber mir selber schmeckt es ja auch nicht, wie soll ich es ihm dann schmackhaft machen?

Das Schlafen

Das größte Thema überhaupt bei uns! Mein Kind schlief schon in meinem Bauch kaum. Ich kenne keine Mama, die mir ähnliche Schlafenszeiten der Kinder im Mutterleib mitgeteilt hätte. Da war ich aber noch sehr froh darüber, dass ich so einen aktiven Burschen hatte, schließlich weiß man dann, dass es ihm scheinbar gut geht. Aber danach wäre es natürlich schön gewesen, wenn er besser und mehr geschlafen hätte. Er war von Anfang an kein guter Schläfer. Im Stubenwagen (den wir uns zum Glück nur ausgeborgt hatten) wollte er sowieso nicht schlafen. Am liebsten neben mir auf der Couch untertags oder - noch besser - auf mir drauf. In der Nacht hatten wir ein „Baby-Bay", was ich echt sehr praktisch fand, da ich nur hinüber greifen musste und es das Stillen sehr erleichterte. Im ersten Lebensjahr – das war für mich klar - schlief er sowieso nur bei mir, da wurde auch gar nicht darüber diskutiert.

Bis er aber überhaupt mal einschlief, vergingen oft Stunden. Ich kann mich erinnern, als wäre es gestern erst gewesen, wie ich durch die Wohnung auf und ab lief mit meinem Kind im Arm, der mir schon so weh tat, dass ich nicht mehr wusste, wie ich ihn halten sollte. Anfangs war es ja noch leicht, da kam er ins Tragetuch und schlief dort ein. Doch irgendwann ging das nicht mehr, da er sofort munter war, sobald ich ihn herausnahm. Dann musste ich mich mittags - mit ihm auf mir drauf - auf die Couch legen, schon vorher alles bereit stellen, damit ich mich ja nicht mehr bewegen musste. Unbedingt galt es daran zu denken, nochmal aufs Klo zu gehen.

Und das alles für maximal eine Stunde Schlaf! Meist war es eine halbe. Je größer er wurde, desto länger dauerte das Einschlafen. Nicht *ein* einziges Mal fuhr mein Mann mit ihm in der Babyschale mit dem Auto spazieren oder ich mit dem Kinderwagen. Als er eben dann auf meinem Arm einschlief (was eine gefühlte Ewigkeit dauerte und nachdem ich das ca. einhundertste Schlaflied gesungen und ihm immer wieder seinen Schnuller aufgehoben hatte, den er – wie mir schien - schon absichtlich auf den Boden fallen ließ) versuchte ich ihn so vorsichtig wie irgendwie möglich in sein Bett zu legen. Doch merkte er den Temperaturwechsel, obwohl er zuvor total gut geschlafen hatte. Ich baute ihm dann oft schon eine Art Nest mit dem Stillkissen, damit er da weiterschlafen konnte, und ein Tuch dazu, das nach mir roch, gab´s auch noch.

Oft war es der Fall, dass die Prozedur wieder von vorne los und ich erneut auf und ab ging. Als ich dann das Gehen nicht mehr schaffte, weil er einfach schon zu schwer wurde und es teils wirklich bis zu einer Stunde dauerte, versuchte ich, dass er in seinem Bett einschläft. Ich holte mir Tipps von überall. Sogar bei einer Kinderpsychologin, die meinte, er solle in seinem eigenen Zimmer schlafen. Mir wurden Bücher empfohlen, indem das Kind trainiert wird, sich selbst zu beruhigen. Ich war so strikt dagegen, ließ mich aber von einer Freundin überzeugen da sie es auch angewendet hatte.

Schließlich war ich schon so verzweifelt, dass ich es versuchte. So, und das machte ich exakt *einmal*, und nach drei Minuten hörte ich auf, da es für mich nichts Schlimmeres in dem Augenblick gab, als meinen Sohn so leiden zu sehen. Er weinte und schrie, und ich brachte es nicht übers Herz, ihn nicht aus seinem Bett herauszunehmen, so wie es aber eigentlich praktiziert werden sollte. Also nahm ich ihn raus, weinte mit ihm mit, drückte ihn an mich und versprach ihm, so etwas nie wieder zu tun. Und dieses Versprechen hielt ich auch! Also legte ich mich von nun an immer zu ihm ins große Bett dazu.

Dies ging aber auch nicht lange gut, da er alles andere interessanter fand als zu schlafen. An seinem zweiten Geburtstag machte er zum ersten Mal keinen Mittagsschlaf, und so beließen wir es dann auch dabei, da er ohne Probleme durch den Tag kam und am Abend es mit dem Zu-Bett-Gehen viel besser klappte. Er brauchte ohnehin nie viel Schlaf untertags und zum Schluss musste ich ihn schon fast festhalten, damit er ruhig liegen blieb und einschlief. Ein Kampf für alle! In der Nacht war es auch so eine Sache. Wir versuchten es immer wieder mal, ihn ins Kinderzimmer auszuquartieren, aber keiner von uns war wirklich glücklich damit. Da er ja abends auch lange brauchte, um einzuschlafen (genauso wie mittags), saß ich neben seinem Bett auf einem Sessel und wartete. Wisst ihr, wie langweilig es ist, wenn man teils eine Stunde im

Dunklen sitzt und wartet, bis er einschläft? Das kostete mich so viele Nerven!

Nie wieder würde ich es so machen. Man sagte mir, wenn ich es nicht rechtzeitig schaffen würde, dass er alleine einschläft, sei der Zug abgefahren. Das war er bei uns sowieso schon, aber alles andere hätte ich einfach nicht geschafft. Ich sehe es als meine Pflicht an, für mein Kind da zu sein, und eben auch nachts. Das letzte Mal versuchten wir es mit – glaub´ ich – zwei Jahren, dass er gezwungenermaßen in seinem Zimmer schläft.

Nach ein paar Tagen gaben wir auf und stellten sein Bett zu uns ins Schlafzimmer. Ich hatte nachts mindestens viermal zu ihm aufstehen und wieder an seinem Bett sitzen müssen. Machte ich nur einen Mucks, war er sofort munter. Ich konnte einfach nicht mehr und musste schließlich auch wieder zu arbeiten anfangen. Also ließen wir es bleiben, und er schlief von nun an bei uns im Schlafzimmer, aber in seinem eigenen Bett. Abends lag er in seinem Bett, ich in meinem, ich schrieb SMS oder sonstiges, er brauchte auch nicht mehr zu lange zum Einschlafen, da er ja mittags nicht mehr schlief, und somit wurde alles leichter. Wir fühlten uns alle wohl dabei. Ich hatte auch eine gute Unterstützung durch seine Kinderärztin, die mir da absolut zustimmte, dass es für uns passen müsste und sonst für keinen. Also ließ ich mir nichts mehr einreden.

Als er vier wurde, bekam er von uns allen zum Geburtstag und Weihnachten zusammen ein tolles neues großes Bett für sein Zimmer. Da versuchten wir es wieder, aber mit einem weitaus besseren Gefühl, da es eine Ausziehbettfunktion hatte und ich mich jederzeit zu ihm legen konnte. Es ist nun so, dass er stets in seinem Bett einschläft, und die Nacht verläuft dann immer irgendwie unterschiedlich. Anfangs ging ich einfach öfter mal rüber, legte mich kurz zu ihm, und er schlief wieder ein. Wenn es richtig blöd lief, legte ich mich ganz zu ihm.

Nach dem Krankenhausaufenthalt war es so, dass er gar nicht mehr alleine schlafen wollte, was ich auch total verstand, und so schlief ich jede Nacht im Ausziehbett. Nach einem Monat hatte ich aber so große Rückenschmerzen, dass wir dieses ins Schlafzimmer verfrachteten und er nachts seither zu mir kommt und da weiterschläft.

Ich glaube, bei uns wird das immer eher schwierig sein mit dem Schlafen. Er wacht öfters auf, braucht mich dann oft mal zum Wieder-Einschlafen. Ich kann ja gar nichts sagen, ich bin auch kein „guter" Schläfer, werde von jedem „Pups" munter. Neben dem Mann kann ich sowieso schon lange nicht mehr schlafen, da er unerträglich schnarcht. Am schönsten wäre für mich ein Familienzimmer, wo alle schlafen, aber dazu müsste er aufhören zu schnarchen.

Ich hoffe, irgendwann wird es mal so werden, und alle finden genug Schlaf in der Nacht. Ich bin schon oft eifersüchtig, wenn ich höre, wie gut andere Kinder schlafen (teils von Geburt an, teils ab dem Kleinkindalter oder auch erst ab dem Kindergarten). Ich hoffe, dass ich wenigstens einmal sagen kann: „Ab der Schule war es dann gut". Die Hoffnung gebe ich nicht auf, und bis dahin versuche ich, so viel Schlaf wie möglich zu kriegen und es uns so einfach wie möglich zu machen, ohne Druck von außen.

Die Babyschläfchen

Ich war ja eigentlich immer sehr flexibel mit meinem Sohn. Da er nur mittags eine halbe Stunde schlief, konnte ich vormittags und auch nachmittags unterwegs sein. Selbst über den ganzen Tag war es möglich, ich richtete es einfach so ein, dass wir über Mittag irgendwo fuhren, entweder im Buggy oder auch im Auto. Blöd fand ich immer, wenn man mit anderen Mamas was ausmachen wollte, und es mit den Schlafenszeiten der Kinder nicht zusammenpasste. Als ich selbst noch kein Kind hatte, musste ich auch schon flexibel sein, da ich bald merkte, dass eine Mama niemals ihr Kind aufwecken würde, und die genau dann tief und fest schliefen, wenn sie wohin mussten. Das wollte ich von Anfang an nicht. Wenn ich mein Kind allerdings zu lange schlafen ließ, wollte es am Abend gar nicht ins Bett.

Das Problem hatten aber sehr viele Mamas nicht, die ich kannte, und so war es dann meistens, dass ich schon um ein Uhr bereit war für ein Treffen und die

Kinder der anderen bis drei oder später schliefen. Natürlich ließen sie sie schlafen, hätte ich auch gemacht, wenn er geschlafen hätte, unabhängig vom Abendschlaf. Bei mir war oft alles anders. Also warteten wir halt, bis die anderen Zeit hatten. Abends war ich aber dann eher wieder bald zu Hause, damit er mir beim Heimfahren nicht einschlief. Da hatten die anderen wieder gar keine Probleme. Sie ließen die Kinder entweder einschlafen und legten sie etwas später dann ins Bett oder „schichteten" sie einfach um. Beides ging bei mir nicht. Ich habe das Gefühl, bei uns war immer alles etwas komplizierter. Oder machte ich es mir kompliziert? Vielleicht beides.

Aber wir bekamen es immer irgendwie hin. Schön war, wenn wir schon zur Mittagszeit wo hin fuhren, während die Kinder im Auto schliefen, dann war ich auch sicher, dass mein Junge seinen Schlaf kriegen würde, und ich musste nicht alles Mögliche anstellen, damit es überhaupt dazu kam. Irgendwie war ich nur entspannt, wenn er eingeschlafen war und ich wusste, der Nachmittag konnte schön werden. Sehr viel war von Anfang an vom Thema Schlaf abhängig. Schläft das Kind zu wenig, ist es unausgeglichen; schläft es zu viel, bekommt man es abends nicht ins Bett. Ich dachte oft: „Lass das Kind schlafen, so lange und wann es will!". Aber im Alltag hält man das nur kurz durch. Wenn man nämlich, so wie ich, dann abends eine Stunde durch die Wohnung mit einem in alle Richtungen schauenden und vor sich hin brabbelnden Baby läuft und es dann irgendwann mal um zehn Uhr schläft, ist man nach ein paar Tagen über jede Lösung froh. So sehr ich mein

Kind liebe, brauche ich aber auch Zeit für mich, und irgendwann hört auch bei der geduldigsten Mutter die Geduld auf.

Das Einmischen

Mir ist es Gott sei Dank selten bis gar nicht passiert, dass sich irgendwer so in meine Erziehung oder sonstiges einmischte, dass es Spuren hinterlassen hätte. Das wäre in meinem Fall, glaube ich, auch echt schwierig gewesen, da ich ja sehr auf andere Leute höre und mir alles zu Herzen nehme, was sie zu sagen haben. Da braucht es nur eine kleine Anmerkung eines völlig fremden Menschen, und ich hinterfrage alles, wofür ich stehe oder tue, obwohl ich mir zuvor noch sicher war, dass dies das Richtige sei.

Ich hörte da schon die „wildesten Geschichten", von Schwiegermüttern, die den Mamas ihre Meinung aufzwingen und glauben, sie wären besser für das Kind als die Mama selbst; von fremden Leuten auf der Straße, die ihre Meinung lautstark äußern, wenn ihres Erachtens nach das Kind zu warm/zu kalt angezogen ist, zu frech ist …. Solches Verhalten finde ich absolut nicht okay. Ich muss selber ehrlich zugeben: Als ich noch kein Kind hatte, bildete ich mir oft mal eine Meinung über andere Mamas auf der Straße, sprach sie aber nie an.

Selbst dafür schäme ich mich vor mir selber, da ich im Laufe der Zeit darauf kam, dass manche Dinge anders scheinen als sie sind. Ich sah mal einen Vater sein sichtlich dickes Kind, das schon sicher an die vier Jahre alt war, in einem Buggy schieben. Ich fand das unmöglich und fragte mich, ob der Vater denn nicht wüsste, dass so das Kind nie abnehmen würde, und es doch selber gehen sollte. Vielleicht war es auch wirklich so, aber was, wenn das Kind vielleicht chronisch krank war, und der Vater einfach nur wollte, dass sein Schatz trotzdem etwas frische Luft abbekommt? Bei meinem Sohn war es nämlich so, dass ich ihn mit fast fünf Jahren nach der Herzoperation noch mal in einen Buggy steckte, damit er an die frische Luft käme. Bei jedem Schritt befürchtete ich fragende Blicke, darum spazierten wir eher in abgeschiedenen Gegenden. Meine Mutter wurde mal angesprochen, ob sie denn nicht sehe, wie dick ihr Kind schon sei und dann gebe sie ihm auch noch eine Semmel während des Einkaufs zu essen.

Geht es noch? Vielleicht war das ja ein Kind, das keine Minute stillsitzen konnte, beim Einkaufen nur meckerte und die Mama aber mit ihm gehen musste, da sie alleinerziehend war und keinen hatte zur Betreuung. Und um es zufrieden zu stellen, eben ein Stück Semmel gab. Es waren ja nicht mal Süßigkeiten.

Und selbst dann hat sich ein Fremder da einfach nicht einzumischen. Oder oft werden Mamas sofort verurteilt, die ihr Kind mal schärfer anreden oder gerade nicht die pädagogisch richtige Variante wählen, um ihrem Kind etwas zu erklären. Vielleicht hatte sie einen harten Tag in der Arbeit und schlief die Nacht zuvor nicht gut, weil das Kind ständig kam. Möglicherweise sind sie halb krank und haben einen anstrengenden Nachmittag noch vor sich, wo die Mama schon genau weiß, dass das Kind wieder nur trotzen wird. Keiner kann in die Mutter hineinsehen, keiner weiß, wie liebevoll sie sonst mit dem Kind umgeht. Heute ist vielleicht ein schlechter Tag, und genau der wird dann von anderen gesehen und beurteilt.

Wenn ich so eine Mama sehe und mir denke: „Das würde ich anders/besser machen", rufe ich mir sofort ins Gedächtnis, dass ich nicht beurteilen kann, wie die Mama sonst vielleicht ist und halte mich mit meinen weiteren Gedanken sofort zurück. Den Müttern gehört mehr Unterstützung angeboten, anstatt sie für Sachen zu verurteilen, wo kein Mensch weiß, warum das gerade so ist.

Wenn eine Mama aber mal das tut, womit keiner rechnet, dann schauen alle blöd. Den größten Respekt habe ich vor den Müttern, die sich nicht einschüchtern lassen und denen es komplett egal ist, was andere von ihr halten; die sich in Supermärkten mit ihren Kindern auf den Boden schmeißen, die anderen entsprechend kontern können, wenn ihnen einer blöd kommt. Ich ziehe meinen Hut vor solchen Frauen, die für sich einstehen und das tun, was sie für richtig halten!!

Nervensache

Abb.: 04

Mit der Geburt meines Kindes bekam ich Gefühle mitgeliefert, die ich vorher in diesem Ausmaß noch nicht gekannt hatte. Natürlich liebt man seinen Partner, die Eltern, die Geschwister…, aber so wie man ein Kind liebt, das gibt es kein zweites Mal, außer bei mehreren Kindern natürlich. Ich würde mir sofort einen Arm abhacken, wenn es für mein Kind nötig wäre, würde mein eigenes Leben ohne eine Sekunde zu zögern für das meines Kindes geben.

So eine bedingungslose Liebe zwischen Mutter und Kind ist einfach so unglaublich schön und magisch, dass ich es kaum in Worte fassen kann. Seien wir uns ehrlich, wir werden vom Kind geschlagen, gebissen, gezwickt und was sonst noch alles, sie motzen uns an, machen uns teils das Leben sehr schwer. Und was machen wir Mütter und Väter? Wir überlegen, wie wir unseren Süßen helfen können, damit es ihnen besser geht. Finde den Fehler! – Oder auch nicht, da es ja richtig so ist und so sein soll.

Die Natur hat eine Liebe erschaffen, die einzigartig ist und die ich jedem Menschen auf der Welt wünsche, sie erleben zu dürfen. Aber es ist auch nicht immer leicht für alle Beteiligten. Einerseits für die Kleinen, wenn die Mama-Liebe sie schon fast erdrückt und ihnen wenig Freiraum lässt, und andererseits für die Eltern, die ihr letztes Hemd für ihr Kind geben. Wir Mamas und Papas würden tagelang aufs Essen verzichten und dem Kind alles Essbare überlassen, das wir noch haben und dabei dem fragenden Kind noch sagen, wir hätten keinen Hunger. Das sind wir Eltern, also bitte an alle da draußen, die genauso sind: Klopft euch mal ordentlich auf die Schultern!

Manchmal machen mir diese unglaublichen Gefühle aber auch Angst. Ich glaube nicht, dass ein Leben für mich ohne mein Kind noch möglich wäre, ohne mein Kind fühle ich mich nicht als Ganzes. Es ist, als würde ein Teil meines Körpers neben mir herlaufen. Und irgendwie ist es ja auch so.

Ich habe mal gelesen, dass im Körper der Mutter auch noch Jahrzehnte nach der Geburt Gewebeteile des Kindes nachzuweisen sind. Das würde mir auch erklären, warum ich in Bezug auf mein Kind ja schon fast hellsehen kann. Ich spüre, wenn etwas nicht passt, noch bevor es überhaupt auftritt, kenne mein Kind wie kein anderer auf der Welt.

Wie wird es, wenn er seine eigenen Wege gehen wird?

Bleibt dieses unsichtbare Band für immer?

Werde ich irgendwann nicht mehr in sein Zimmer laufen und das schlafende Kind knuddeln, weil ich im Fernsehen wieder mal emotionale Szenen in Verbindung mit einem mir völlig fremden Kind gesehen habe?

Mit großem Grauen denke ich an den bald anstehenden Schulbesuch. Dann kann ich mein Kind nicht mehr immer bei mir haben, wenn ich es will, und er wird selbstständig seinen Schulweg meistern müssen. Wenn ich jetzt daran denke, verängstigt mich dieser Umstand so, dass ich ihn am liebsten wieder gleich beiseiteschieben will. Ja, vielleicht bin ich eine Helikopter-Mutter, aber ich kann es bis zu einem gewissen Grad nicht ändern. Ich merke, dass es schon wesentlich besser geworden ist als noch vor einem Jahr, und ich auch schon Spaß daran habe, Dinge alleine zu erledigen, aber trotzdem freue ich mich mindestens genauso darauf, ihn wieder zu sehen.

Ich bete zu Gott, dass mein Kind das später mal ähnlich sehen und mich aus seinem Leben so wenig wie möglich ausschließen wird.

Die typischen Fettnäpfchen-Fragen

Wenn eine Frau ein Baby erwartet, fängt es das allererste Mal an mit diesen Standard-Fragen. Und die Nummer eins meiner Top-Ten-Liste ist die Frage, was sich die werdenden Eltern für ein Geschlecht wünschen. Ich finde ja, man darf auf diese Frage ganz ehrlich antworten. Weil jeder oder beinahe fast jeder sich doch insgeheim ein bestimmtes Geschlecht wünscht. Wenn nicht, dann kann man ja einfach sagen, es sei ganz egal.

Aber wenn dann kommt: „Hauptsache gesund!", krieg ich alle Zustände. Ja natürlich wünsche ich mir ein gesundes Kind. Es wäre ja der Wahnsinn, wenn eine Mama sagen würde: „Ich hätte gerne ein Mädchen/einen Jungen, dafür nehme ich auch in Kauf, dass es krank ist/wird." Diese zwei Sachen gehören für mich alles andere als zusammen. Ich frage mich wirklich ehrlich, was das eine mit dem anderen zu tun hat! Und natürlich bekam ich diese eine Frage gestellt, als mich eine Frau aus unserer Wohnanlage mit Babybauch sah:

„Wissen Sie schon, was es wird?" Worauf ich antwortete, dass es ein Junge werde. Sie entgegnete mir: „Schön, aber die Hauptsache ist ja eh, dass es gesund ist."

Am liebsten hätte ich ihr ins Gesicht geschrien: „Aber genau das ist ja eben bei uns nicht der Fall!!!!" Wie kann ein fremder Mensch nur so was sagen, wo sie doch gar nicht wusste, ob mein Baby gesund sei? Für mich war die Situation sehr schlimm, aber noch weniger wollte ich dann den Herzfehler meines Kindes mit ihr ausdiskutieren, also murmelte ich irgendetwas von: „Da haben Sie recht", und ging recht zügig in meine Wohnung.

Diese Frau ist wirklich sehr nett und sie hatte ganz bestimmt keine bösen Absichten, aber leider muss ich jetzt jedes Mal an diese eine Frage denken, wenn ich sie sehe, auch nach über fünf Jahren. Wenn das Baby dann da ist, wird häufig gefragt, ob es denn schon durchschläft, oder ob man stillt... Wie schon erwähnt, ist das Durch-Schlaf-Thema ja ein ziemlich heißes, aber auch das Still-Thema wäre da nicht zu unterschätzen!

Die „liebe" Milchpumpe

In der Schwangerschaft war für mich klar, dass ich unbedingt stillen wollte. Ehrlich gesagt stellte ich mir das auch sehr einfach vor. Kind da, Milch da, los geht es. Dass es nicht immer gleich so schnell geht, wie es einem oft auch in Werbungen suggeriert wird, habe ich auch erst lernen müssen, aber ich hatte einen ausgesprochen eisernen Willen, und der half mir über so manche Hürden. Das Kind kommt, es wird mir auf den Bauch gelegt und trinkt seine ersten Schlucke. So ist es doch, oder? Sieht man zumindest überall so.

Nein, mein Kind kam, wurde sofort auf die Intensivstation gebracht und das einzige, was mir auf den Bauch gelegt beziehungsweise neben mein Bett gestellt wurde, war eine Milchpumpe. Dieses Ding kostete mich eine Überwindung, das glaubt ihr nicht.

Mein Mann saß neben mir, schaute das monströse Gerät interessiert an, und ich wäre am liebsten im Erdboden versunken. Aber es half alles nichts. Für mein Kind waren die mühsam erbeuteten Tropfen sehr wichtig, also war dieses gelbe Ding ab sofort mein Begleiter für lange, lange Zeit. Länger als ich am Anfang dachte. Wenn man an so einer Pumpe hängt, kommt man sich wirklich vor wie eine Kuh.

Dieses Gefühl ist schwer zu beschreiben, angenehm ist es auf jeden Fall nicht. Um Zeit zu sparen, pumpte ich dann sogar beidseitig, das war noch schlimmer, sag´ ich euch. Zu viel nachdenken darf man dabei nicht. Ich dachte nur: „Mach es, es ist wichtig für dein Kind, alles andere soll dich nicht beschäftigen." Bei den ersten Pumpversuchen fiel die Beute sehr mager aus. Für zwanzig Minuten Pumpen brachte ich zwei Tropfen heraus, die wir mühsam mit einer Spritze aufzogen, damit es sich überhaupt ein bisschen lohnte.

Um jeden Tropfen kämpften wir. Zum Glück machte ich aber weiter, so viel wie mir die Schwester empfohlen hatte. Und es trug dann schon bald Früchte. Die Milch kam und zwar in so einem Ausmaß, dass ich mich nicht mehr beschweren konnte. Und dann durfte ich auch stillen, weil mein Sohn kräftig genug war. Was ich mich

allerdings wirklich frage, ist, wie das bei anderen Mamas verläuft, die von Anfang an stillen und sagen, die Kinder hätten sofort getrunken.
Wo kam da bitte die Milch her?

Ist das bei den natürlich Gebärdenden so, dass die gleich mit dem Kind mitkommt und in meinem Fall der Anreiz sozusagen fehlte?

Auf alle Fälle liehen wir uns auch nach dem Krankenhaus eine Milchpumpe aus und hatten zur Sicherheit eine zu Hause, falls das Stillen mal nicht klappen sollte, ich unterwegs war oder einfach zu viel Milch hatte, die ich abpumpen konnte, bis mein Kind wieder erwacht war. Die Pumpen für zu Hause sind natürlich nicht vergleichbar mit denen im Krankenhaus, da sie einfach nicht so schnell pumpen, alles irgendwie länger dauert und mühsamer ist. Aber wofür ich sie brauchte, reichte es.

Als ich mein Kind dann nach der Operation leider eine Zeit lang nicht mehr stillen durfte, machte ich Bekanntschaft mit den verschiedensten Modellen. Das ganze Monat im Krankenhaus pumpte ich jeden verdammten Tag alle drei Stunden, auch nachts. Was ich da an Milch weg kippte, davon hätte ich ein anderes Kind ernähren können, aber leider durften sie damals meine Spende noch nicht annehmen und hatten mittlerweile auch keinen Platz mehr in ihrer Kühlung, also pumpte ich für den Ausguss ab.

Schlimm war das für mich, aber ich wollte einfach nicht aufgeben und meinen Sohn unbedingt nach dem Krankenhausaufenthalt wieder stillen.

Das Stillen - Teil zwei

Wie schon erwähnt, ging es ja nicht gleich von Anfang an, aber ab dem Zeitpunkt, wo mein Sohn auf die Beobachtungs-Station verlegt wurde, starteten wir los. Ich dachte mir ja eigentlich, das Baby würde angelegt und sofort trinken. Dass das Kind aber teils noch nicht so genau weiß, was es tun soll (wo man doch eigentlich überall hört, dass es das tut) wusste ich nicht. Mein Sohn machte das schon ganz gut, vor allem für ein „Herzkind", da diese ja oft keine Kraft dazu haben, aber er brauchte manchmal schon lange, bis er fand, was er wollte. Dann kam es auch noch auf die richtige Lippentechnik an, sonst wurde das nichts – wusste ich auch nicht.

So war es dann oft der Fall, dass er vor der Brust hing wie ein verdurstender Blinder vor dem Wasserglas, aber er es nicht sah oder kapierte, wie man anzudocken hatte. Wir hatten eigentlich immer viel Geduld, und ich gab auch nicht auf, obwohl er teils schon ganz schön unruhig wurde, wenn es nicht gleich was zu futtern gab. Eine Nacht betreute mich eine Krankenschwester, die keine Geduld mit uns hatte, drückte mir ein Stillhütchen drauf und meinte, das werde sonst nichts. Mit dem ging es dann wirklich besser, aber man sollte diese nicht zu oft nehmen, da das Kind sich sonst daran gewöhnt.

Wir fuhren natürlich brav zum Bandagisten und kauften diese Dinger, aber sie blieben nur für den Notfall zu Hause. Ich würde mir nicht noch mal so einen Stress machen. Ich hatte ja daheim Panik, er würde mir verhungern, wenn es mit dem Stillen nicht gleich klappt, obwohl ich ja sogar Säuglingsnahrung zur Not daheim hatte. Natürlich verhungerte er nicht, alles spielte sich ein.

Es klappte mal gut, mal weniger gut, aber ich stillte voll, er nahm brav zu und wurde zu einem richtigen Wonneproppen. Und bekam durch mich die beste Abwehr, die sogar half, als ich vierzig Grad Fieber hatte. Im Krankenhaus dann nach der Operation musste er das Stillen erst wieder lernen.

Ich war bei der Stillberatung, und wir schafften es tatsächlich, dass ich ihn teils wieder anlegen durfte/konnte, da er noch eine Zeitlang eine Spezialernährung bekam. Bis zum sechsten Monat ging das dann so dahin, ich versuchte alles, ihn wieder voll zu stillen. Aber ich bekam nicht mehr ausreichend Milch. Am Anfang hatte ich ja so viel, dass ich ihn sogar bergauf stillen musste, weil er sich sonst ständig dabei verschluckte.

Nach dem Krankenhaus wurde es leider immer weniger. So kam es dann, dass ich ihn an eine Brust anlegte und mein Mann schon ein Fläschchen bereithielt, weil es sowieso zu wenig wurde. Diesen Stress machte ich eine Zeitlang mit, aber als es für alle zur Qual wurde, weil mein Sohn an der Brust nur noch fuchtelte und verärgert war, stillte ich schweren Herzens ab, als er nicht ganz sechs Monate alt war. Ich hätte es gerne noch länger gemacht oder prinzipiell ein wenig problemloser. Aber ich weiß, ich habe alles dafür getan, und das war mir wichtig. Natürlich hätte ich mir den ganzen Stress nicht antun müssen und ihn mit Säuglingsnahrung füttern können, aber für mich passte es halt nicht.

Auch wenn ich weiß, dass diese mittlerweile wirklich schon echt gut ist. Bei den anderen Mamas, die ich kenne, herrschen beim Still-Thema ja auch sehr unterschiedliche Meinungen vor. Und jede wird von mir respektiert, und man sollte erwarten können, dass das auch alle anderen so machen.

Jede Mama oder fast jede, will für ihr Kind das Beste, und wenn es aus verschiedenen Gründen nicht geht, dann sollen sie sich bitte nicht so einen Stress machen wie ich, sondern den einfacheren Weg gehen, es sei denn, das würde sie noch mehr stressen, so wie es vielleicht bei mir gewesen wäre.

Aus nicht nachvollziehbaren Gründen würde ich zwar nie aufhören zu stillen, aber ich denke, auch wenn ich komplett anderer Meinung beim Stillthema wäre, habe ich kein Recht mich da einzumischen. Jeder muss für sich selber entscheiden, was er will und mit den Konsequenzen leben.

Die Beikost-Frage

Ich kochte ja vor meinem Kind so gut wie nie. Irgendwie hatte ich keine Lust dazu, alleine in der Küche zu stehen, die Wand anzustarren und im Endeffekt einen Haufen Arbeit zu haben, aber meist eh alleine essen zu müssen, da mein Mann und ich so unterschiedliche Arbeitszeiten hatten. Der Gatte ermahnte mich, ob es mir hoffentlich klar wäre, dass ich für mein eigenes Kind schon kochen sollte. Natürlich war mir das klar, aber so lange es ging, ließ ich mich lieber vom Restaurant bekochen. Dann war aber der Zeitpunkt gekommen, da ich ja nicht nur von der Gläschen-Industrie leben, sondern hauptsächlich selber kochen wollte. Also handhabe ich es so, dass ich immer einen Vorrat zu Hause hatte und mir einen Dampfgarer zulegte.

Dieser sollte kochen bzw. dampfgaren und pürieren in einem können. Und er hielt, was er versprach. Billig war er nicht, aber ich würde ihn wieder kaufen. Ich besorgte mir ein Kochbuch für Babykost, und dann konnte es auch schon losgehen: alle Zutaten nacheinander je nach Garzeit zerkleinert in den Behälter geben und die vorgegebene Zeit abwarten, danach Behälter umdrehen und zerkleinern lassen. Perfekt! Als mein Sohn schon kleine Stückchen aß, pürierte ich einfach weniger. Für mich war das so absolut in Ordnung, aus den beiden Varianten eine Mischung zu machen. Meinem Sohn tat es auch sichtlich gut, es schmeckte ihm, und er nahm sehr gut zu. Ich verzichtete komplett auf Salz, und somit hatte er teilweise natürlich die Gläschen später dann etwas lieber, da diese gewürzt waren. Als er schließlich ein Jahr alt wurde, fing ich an, für alle gemeinsam zu kochen. Ich besorgte mir ein Familienkochbuch und wagte mich an den Herd.

Es klappte alles prima, und von da an kochte ich jeden Tag und auch heute noch sehr gerne. Da unsere Küche in der neuen Wohnung auch mitten im Wohnzimmer ist, habe ich nie das Gefühl, abseits des Geschehens zu sein und meinen Sohn immer im Blick, wenn er im Wohnzimmer spielt. Fazit: Selber Brei kochen – alles schön und gut (hab´ ich auch wie gesagt teilweise gemacht und ein gutes Gefühl dabei). Was allerdings eher blöd war, ist, dass ich eigentlich zweimal kochen musste, da mir der Mann natürlich keinen Brei aß, selbst wenn ich es nicht zerkleinert hätte, wäre es geschmacklich einer Reiswaffel gleichgekommen. Wenn man es also eilig hat oder unterwegs ist, sind Gläschen einfach super! Welche Marke ist – denk´ ich – egal, jedes Baby hat sicher seine eigenen Vorlieben.

Kinderkrankheiten

Das meist gehasste Thema, über das ich nachdenken will. Eigentlich habe ich vor allem und jedem Angst, der mein Kind irgendwie krank machen könnte.

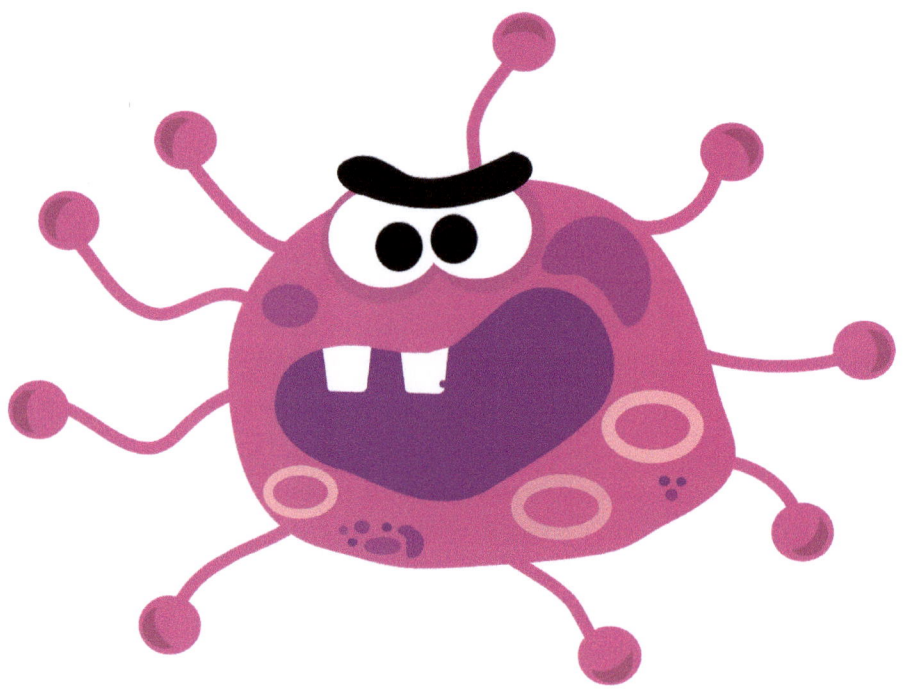

Abb.: 05

Am liebsten würde ich ihn im Kindergarten in einen Ganzkörperschutzanzug stecken. Überall lauern Bakterien und Viren. Ich sehe sie wie eine unsichtbare riesengroße Gefahr an. Es gibt für mich einfach nichts Schlimmeres als wenn ich jemanden leiden sehe, den ich gernhabe, und am allerwenigsten halte ich das bei meinem Kind aus. Das fängt schon bei der kleinsten Kleinigkeit an, und sei es nur ein etwas rotes Nagelbett oder ein „Hatschi", das mich aus dem Konzept bringen kann. Ich weiß, dass ich ihn nicht vor allem auf der Welt schützen kann, aber am liebsten wäre es mir. Ich hätte meine Welt gern mit „Friede-Freude-Eierkuchen", und da gehören ganz bestimmt keine Krankheiten dazu. Bei anderen Kindern, die einen Schnupfen haben, aber vergnügt herumspringen, sehe ich auch keinen Grund, warum sie nicht in den Kindergarten gehen sollten.

Hat mein Kind Schnupfen, bleibt er – wenn möglich – zu Hause. So kommt es dann zu relativ vielen Fehltagen bei uns. Aber ich versetze mich dabei einfach in seine Lage und denke mir, wie gerne ich bei Schnupfen und Co. auf der Couch lümmeln würde, da muss kein Fieber hinzukommen, um mich einfach schlecht zu fühlen.

Und ich will das einfach meinem Kind so lange es geht bieten können, sich auszukurieren und zu rasten, bis es wieder fit ist. Wobei Fit-Sein ja auch im Auge des Betrachters liegt, und jeder einen Infekt anders wegsteckt. Meinem Kind zum Beispiel tut ein Schnupfen rein gar nichts. Der hustet, dass ich schon beim Zuhören keine Luft bekomme, aber er springt fröhlich durch die Wohnung. Fragt man ihn, wie es ihm geht, bekommt man stets dieselbe Antwort, nämlich: „Gut." Selbst mit Fieber würde er am liebsten noch normal spielen und fühlt sich nicht eingeschränkt. Da muss es schon wirklich mehr sein, dass man es ihm anmerkt. Ich habe vollsten Respekt davor, wie man so sein kann, wirklich. Leider will ich es trotzdem nicht so hinnehmen und bemuttere ihn dann, wo es nur geht. Vielleicht gut, vielleicht auch nicht. Das kann man sehen, wie man will, aber aus meiner Haut komme ich da trotzdem nicht raus.

Am liebsten ist es mir natürlich, wenn es gar nicht erst soweit kommt. Ich bin wirklich ein sehr vorsichtiger Mensch, insbesondere was dieses Thema anbelangt. Und so wird man mich immer gemeinsam mit Feucht-Tüchern und Desinfektionsmittel antreffen. Vor dem Kindergarten erinnere ich ihn noch einmal, wie wichtig Händewaschen ist. Wenn wir mit anderen Kindern zusammen sind oder auch im Kindergarten, wird das fremde Kind von mir erstmal „begutachtet", ob es eh gesund aussieht. Erst dann kann ich mich halbwegs entspannen, wobei ich natürlich weiß, dass es schon krank sein könnte, ohne dass ich es merke. Dann geh ich in Gedanken alle möglichen Krankheiten durch und deren Inkubationszeit. Wenn dann tatsächlich eine Freundin mitteilt, dass das Kind krank wurde oder mir mein Kind erzählt, dass ihm im Kindergarten ein anderes Kind vor die Füße gespuckt hat, dann ist es ganz aus bei mir. Panik macht sich breit.

Das Internet muss her. Zunächst gilt es, sich über Inkubationszeit und Krankheitsanzeichen schlau zu machen und dann auszurechnen, ab welchem Tag wir wieder „save" sind. Ja, so läuft das bei mir ab. In mir drinnen. Mein Kind kriegt davon nichts mit, weil ich ihn in nichts einschränken möchte. Natürlich würde ich nie eine Freundin besuchen, wo wissentlich ein Kind krank ist, aber ich versuche gegenüber meinem Kind nicht zu signalisieren, dass wir immer und überall Panik haben müssen, auch wenn ich sie in Wahrheit habe.

Ich bin ja schon fast froh darüber (traue ich mich das jetzt eigentlich sagen?), dass mein Kind sofort eine Fieberblase bekommt, wenn er von einem fremden Glas trinkt oder abgeknutscht wird. Dies ist für mich ein Grund (der auch von den anderen Mamas anerkannt wird), dass wir unser Trinkgefäß für uns behalten und wir versuchen, einen gesunden Abstand zu halten. In Wahrheit habe ich natürlich vor anderen Sachen weit mehr Angst als vor Fieberblasen. Leicht lebt es sich mit dieser Phobie nicht, das kann ich euch sagen, und mich schränkt das in meiner eigenen Lebensqualität massiv ein, da ich immer an mögliche Bakterien und Viren denke.

Aber ich bin froh, dass wenigstens mein Kind fast nichts davon mitkriegt. Er weiß, dass er nicht von fremden Gläsern trinken soll und nach der Toilette Hände waschen gehen muss. Das ist alles. Was sich in meinem Gehirn dabei alles abspielt, bleibt bei mir, oder zumindest zum größten Teil.

Impfen

Auch bei diesem – meiner Meinung nach so wichtigen Thema- , scheiden sich die Geister massiv. Ich bin ja eine Impfbefürworterin. Einige davon waren auch richtig kostspielig, aber ganz ehrlich, kann man Geld und Gesundheit wirklich gegeneinander ausspielen?? So gaben wir schon etliche hundert Euro dafür aus. Bei allen im Mutter-Kind-Pass vorgesehenen Impfungen war es für uns sowieso keine Frage, sie machen zu lassen. Die meisten meiner Freundinnen sehen das auch so oder ähnlich. Manche nehmen jede Impfmöglichkeit wahr, manche nur gewisse, die ihrer Meinung nach lebenswichtig sind, und lassen welche aus, so wie z. B. gegen gewisse Krabbeltiere, da sie denken, die meisten seien nicht gefährlich und gegen das wirklich Gefährliche könne man ohnehin nicht vorbeugen.

Ich habe aber auch Freundinnen, die gar keine Impfungen zulassen, weil sie der Meinung sind, der Körper solle gewisse Krankheiten durchmachen. Für mich wäre das nichts, muss ich sagen. Ich bin der Meinung, dass keine Krankheit durchgemacht werden muss, die man verhindern kann, und gerade ein Körper, der eh schon eine bestimmte Herausforderung hat, wie der meines Kindes, muss nicht zusätzlich belastet werden. Ich zähle dann auch zu denjenigen, die Fieber ab 38,5 zu senken trachten.

In gewissem Maße verstehe ich den Ansatz, dass der Körper sich durch das Fieber quasi reinigt und man die Giftstoffe heraus schwitzt. Aber wenn ich mein Kind sehe, wie es mit 39 Grad Fieber daliegt, sein Herz so schnell schlägt, dass ich das Gefühl habe, es springt gleich heraus, und die Atmung so schnell geht, dass ich schon beim Zuhören Stress bekomme, frage ich mich, was daran sinnvoll sein soll. Die Impfgegnerinnen sehen Fieber natürlich nicht als Bedrohung, sondern als etwas Gutes und warten erst mal seelenruhig ab.

Ich weiß, es hört sich jetzt sehr hart an, was ich schreibe und man gewinnt den Eindruck, als würde ich diese Leute verachten. Tue ich aber nicht. Und das meine ich total ernst. Auch den Freundinnen, die so denken, habe ich nie diesen Eindruck vermittelt. Ich denke mir, dass wirklich jeder entscheiden muss, was er für richtig hält, solange alles in gewissem Maße und zum Wohle des Kindes passiert.

Genau so können auch die Impfgegner die Impfbefürworter verachten, und dies passiert auch in etlichen Foren – habe ich selbst schon gelesen. Ich würde mich da nie einmischen in solchen Foren, aber merke schon, dass dies ein sehr sensibles Thema ist, wo jeder lautstark seine Meinung vertritt. Im Endeffekt haben entweder alle Recht, oder keiner, so sehe ich das. Jede Sichtweise hat sowohl was Positives als auch was Negatives. Für mich steht fest, ich schöpfe alle Impfmöglichkeiten aus, weil ich überzeugt davon bin, da lasse ich mir auch nichts anderes einreden. Und bei den Medikamenten bin ich vorsichtig, Das bringt mich zum nächsten Thema.

Medizin

Bei uns ist es so, dass mein Kind schon dermaßen viele Medikamente bekommen hat, da wird einem übel davon. Aber es musste leider nach seiner schweren Operation sein. Das Kind hatte teils so viele Zugänge, dass es hauptsächlich nur aus Schläuchen bestand. Am Infusionsständer hingen regelmäßig mehrere Medikamente gleichzeitig. Kein schöner Anblick! In dem Moment blieb mir aber gar nichts anderes übrig, als den Ärzten zu vertrauen, dass sie richtig entscheiden, wie viel er wovon nötig hat.

Und Fakt ist: Ohne diese starken Medikamente wäre es definitiv nicht gegangen, und ohne Operation wäre er wahrscheinlich nicht mehr am Leben. Also hatten wir keine Wahl und werden sie auch in Zukunft in solchen Situationen nicht haben.

Ich habe diesbezüglich aber großes Vertrauen in die Ärzte. Bei der letzten Operation vor kurzem bekam er lediglich zwei Tage lang Antibiotika und Infusionen.

Das war so ein himmelweiter Unterschied, dass ich wunderbar damit leben konnte. Dass er danach für ein halbes Jahr Blutverdünner bekam, damit musste ich erst mal klarkommen. Im Nachhinein gesehen war es wirklich kein Problem, dieses halbe Jahr.

Es ging schnell vorbei. Die ersten paar Wochen waren für mich allerdings echt ein „rotes Tuch". Dass mein Kind nun jeden Tag eine Tablette nehmen musste, konnte ich nur schwer ertragen. Aber mir war auch klar, dass die Konsequenzen viel gravierender wären, würde er sie nicht nehmen. Wovor ich richtig „Bammel" hatte, waren die Antibiotika. Da diese nach einem solchen Eingriff bei einer kommenden Krankheit über einen gewissen Zeitrahmen schneller mal gegeben werden, wusste ich, dass man nicht zuwarten durfte. Ich bin ja Antibiotika gegenüber sehr skeptisch.

Als ich noch kein Kind hatte, nahm ich sie immer sofort, wenn sie mir verschrieben wurden, da ich davon ausging, dass diese mich schnell wieder fit machen würden, und nur das zählte für mich. Als ich ein Kind bekam, befasste ich mich erst richtig damit, und kam drauf, dass sie nur dann helfen, wenn nachweislich Bakterien im Spiel sind, ansonsten nimmt man sie „für die Katz´". Seitdem nehme ich sie selber auch nur dann, wenn wirklich nichts anderes mehr hilft. Bei meinem Kind bin ich nicht so streng, aber es wird ganz genau abgewogen. Auch weil wir diese Mittel beide nicht besonders gut vertragen. Unser Körper zeigt uns, dass sie nicht unbedingt immer vorteilhaft sind.

Sind sie aber nötig, dann bin ich sehr dankbar das es diese Medikamente gibt! Wenn mein Kind krank ist, gehe ich relativ schnell zum Arzt, speziell auch in der „Blutverdünner - Zeit".

Ich hab´ zum Glück eine Kinderärztin, die meine Meinung wunderbar akzeptiert. Sie wägt dann genau ab, ob wir welche brauchen, und ich gehe lieber öfters hin. Dafür bin ich ihr sehr dankbar. Und so kam es, dass wir generell sehr wenig davon brauchten, und in der „Blutverdünner - Zeit " sogar gar nichts, obwohl – jetzt haltet euch fest – dies von Oktober bis April war. In dieser Zeit bekamen die Kinder meiner Freundinnen alle mindestens einmal Antibiotika!

Ich bin ja überzeugt davon, dass da bei uns höhere Macht im Spiel war! Vielen Dank dafür! Ein Stoßgebet an den Himmel!! Was andere Medikamente betrifft, verhält es sich ähnlich. Da versuche ich nach dem Motto „So viel wie nötig, so wenig wie möglich" zu leben. Hat mein Kind Fieber, bekommt es was dagegen. Nur rein prophylaktisch dreimal am Tag Schmerzmittel zu geben, davon halte ich nicht viel.

Wenn ich merke, meinem Kind geht es untertags recht gut, wird damit noch zugewartet. Muss er sie aufgrund entzündungshemmender Wirkung nehmen, bekommt er sie natürlich. Bei Hustensaft ist es auch so eine Sache: Bei uns ist der Nutzen wirklich in Zweifel zu ziehen, da wir ihn regelrecht einflößen müssen und er dann meist gleich wieder retour kommt. Da gibt es zum Schlafen lieber Balsam auf die Brust. Das wirkt Wunder. Hat er wirklich einen schweren Infekt, müssen natürlich Medikamente her, ganz klar.

Alles in allem passt es so für mich, wie wir uns entschieden haben. Ich bin aber auch da der Meinung, dass jede Mutter selber entscheiden darf und muss, wie sie es im Krankheitsfall handhabt. Ob mehr oder weniger oder keine Medikamente, muss natürlich immer zum Wohle des Kindes entschieden werden. Wo ich allerdings null Verständnis aufbringen kann, ist, wenn eine Mutter dem Kind fiebersenkende Medikamente gibt, nur um das Kind in den Kindergarten bringen zu können. Da stellen sich bei mir die Nackenhaare auf. Ein krankes Kind gehört nach Hause! Punkt, aus, ohne Diskussion!

Natürlich kann man nicht bei jedem Schnupfen oder leichtem Husten das Kind sofort zu Hause lassen, wenn man berufstätig ist; vor allem auch, wenn das Kind ansonsten fit ist. Aber ich finde, sobald das Kind Fieber hat oder einen kranken Eindruck macht (auch ohne Fieber), gehört es nicht in eine öffentliche Einrichtung; dem eigenen Kind zuliebe und natürlich auch den anderen Kindern gegenüber. So kommt es sonst nämlich zu den Ansteckungen, die sich im Kindergarten ja rasend schnell verbreiten.

Wer bleibt beim Kind

Für uns war das eigentlich nicht wirklich eine Frage. Wir waren uns sofort einig, dass ich beim Kind bleibe, und mein Mann der Haupternährer sei. Geplant wäre gewesen, dass ich nach einem Jahr wieder für einen Tag pro Woche arbeiten gehe, aber es wurden dann zwei Jahre daraus, wo ich voll und ganz bei meinem Kind blieb. Das hätte ich, noch kinderlos, nicht gedacht, dass diesmal so ein großes Thema werden würde bei uns. Ich dachte, nach einem Jahr unbedingt wieder für einen Tag in den Beruf zu wollen.

Was ist denn bitte schon ein Tag pro Woche? Aber ich ging voll und ganz in der Mutter-Rolle auf, und zu diesem Zeitpunkt war es unvorstellbar, diese auch nur für einen Tag zu unterbrechen. Dass mein Mann keine Karenz-Zeit in Anspruch nimmt, war auch klar. Nicht nur die finanzielle Einbuße wollten wir vermeiden, sondern auch oder vor allem die Vorstellung, dass ich dann mehr arbeiten hätte müssen, war für uns nicht akzeptabel.

Eine Freundin hatte mit ihrem Mann das Karenz-Modell gewählt, wo der Vater zwei Monate davon in Anspruch nehmen konnte. Sie ging deswegen nicht eher oder mehr arbeiten, sondern finanzierte diese Zeit mit ihrem Ersparten. Schön, aber wie sich herausstellte, dachte der Papa eher, er hätte Urlaub als Karenz, und somit blieb der Großteil der Betreuungsarbeit – wie vorher auch schon – an der Mama hängen. Ich glaube, wenn das bei uns so gelaufen wäre, hätte die Zeit nicht ohne großen Streit vorbei gehen können. Ich bin ja da eher wirklich für klassische Rollenaufteilung. Der Mann geht arbeiten, die Frau kümmert sich um den Haushalt, Einkauf und eben in dieser Zeit auch das Kind. Wenn der Mann zu Hause ist, lebe ich dann wieder in der modernen Welt, und gehe davon aus, dass mir der Partner großzügig das Kind abnimmt. – Haha! Habt ihr auch gelacht?

Natürlich kann ich nicht erwarten, dass mein Mann alles so macht, wie ich es für meinen Plan zurechtgelegt habe. Es brauchte allerdings lange, bis ich das kapierte. Im ersten Jahr war das eigentlich gar kein Thema. Das Babyjahr war für mich einfach perfekt. Als unser Junge dann ins Kleinkind-Alter kam, forderte dies oft meine Geduld heraus. Ich hätte mir mehr Unterstützung erwartet, und mein Mann fragte sich, was er denn noch alles machen sollte.

Unser Problem war, dass keiner in die Welt des anderen sehen konnte. Dies änderte sich dann, als ich für einen ganzen Tag wieder zu arbeiten begann. Zu diesem Zeitpunkt war es für mich absolut okay. Und wie sich herausstellte, war dies die Rettung für unsere Beziehung. Mein Mann sah, wie anstrengend ein ganzer Tag mit dem Kind sein konnte (bzw. eigentlich nur ein halber Tag, da er sich den Tag mit meiner Mama aufteilte). Aber dies schien schon zu reichen für seine Einsicht. Und ich sah, wie es ist, wenn man nach einem Arbeitstag nach Hause kommt und eigentlich mal vorher essen und duschen will, bevor man sich dem Kind widmet, was teilweise mit wenig Aufmerksamkeit geschieht, weil man sich nur noch auf die Couch freut. Natürlich blieben kleine Punkte, wo er sich von mir oder ich mir von ihm anderes erwartet hätte. Aber es blieben eben kleine Punkte und waren keinen Streit mehr wert. Und wenn ich schon mal bei dem Thema bin, muss ich wirklich sagen, dass ich großes Glück mit meinem Mann habe!

Wenn ich mir denke, dass er nach einer Frühschicht nur kurz duschen geht, etwas isst und auch dann noch den ganzen Nachmittag ohne Murren mit unserem Sohn spielt, damit ich irgendetwas erledigen kann, könnte ich ihn küssen dafür. Ich verlange keine Haushaltshilfe von ihm, auch nicht beim Einkaufen. Das ist klar mein Punkt. Selbst wenn ich seit einem Jahr an zwei Tagen in der Woche arbeiten gehe, ist dies für mich kein Thema und kein Problem, es alleine zu machen. Er hat wirklich genug mit Arbeit und Kinderbetreuung zu tun. Ich denke, wir haben unseren richtigen Weg gefunden, wo alle damit glücklich und zufrieden sind.

Und genau das rate ich allen da draußen. Komplett egal, wie dieser Weg für euch aussehen mag, ob der Mann zu Hause ist (habe ich auch einen im Freundeskreis, und sie machen das ganz wunderbar) oder die Frau oder beide oder aufgeteilt. Was auch immer, es muss für euch passen und für keinen anderen. Also lasst euch kein schlechtes Gewissen einreden! Es wird immer einen geben, der findet, ihr arbeitet zu viel/ zu wenig, seid zu viel/zu wenig für euer Kind da, etc. Euch muss es gut gehen und für euch muss es passen. – Punkt, aus, Ende!!

Fremdbetreuung

Oh Mann, schwieriges Thema. Schon alleine das Wort gefällt mir nicht gut, muss ich sagen. Ich bin ja ein Mensch, der sein Kind am liebsten rund um die Uhr um sich hat. Da ich aber eine Pädagogen-Mutter habe, die mir versicherte, wie wertvoll der Kindergarten für die Kleinen ist, hab auch ich mich in dieses Abenteuer gestürzt. Finanziell wäre es auch gar nicht anders möglich gewesen, und ein bisschen arbeiten wollte ich natürlich auch wieder.

Aber als ideal hätte ich es empfunden, wenn die Großeltern zum Beispiel schon in Pension gewesen wären, dann hätte mein Kind an einem Tag oder mehreren bei ihnen sein können. So ist es bei uns aber nicht. Nach meinem Wiedereinstiegs-Gespräch kam heraus, dass ich im ersten Jahr vorerst nur am Samstag arbeiten würde, und somit sparte ich mir die Krabbelstube komplett.

Mir fiel dann doch ein riesengroßer Stein vom Herzen. Er kam also ein Jahr später als ursprünglich geplant in den Kindergarten, in die U3-Gruppe zu einer Freundin meiner Mutter. Die Weichen wurden rundherum positiv gestellt, wir taten alles, was man machen konnte, um den Start gut zu gestalten, aber es wurde viel schwieriger als ich gedacht hatte. Mir fiel es alles andere als leicht, mein Kind dort zu lassen. Vor allem dann, wenn er zu weinen begann. Es gab Zeiten, da wollte ich nichts Sehnlicheres, als mein Kind wieder mit nach Hause zu nehmen. Ich war aber soweit, mir alle anderen Meinungen anzuhören und mich auf sie einzulassen. Es wurde mir versprochen, mich rechtzeitig zu informieren, wenn es ein wirkliches Problem mit der Eingewöhnung gab.

Natürlich dauerte es außergewöhnlich lange bei uns, wir erklärten es uns aber wegen unserer besonderen Bindung auch aufgrund der Krankheit. Ein wirklicher Alarm, so wie ich es verstehe, wurde nicht gegeben. Ich verließ mich dann auf das Personal und auf meine Mutter, die mein Kind zu dieser Zeit auch vermehrt beobachtete, und zog es durch.

Es war eine wahnsinnig harte Zeit, die sich aber lohnte. Ich glaube, er wird nie „Hier" schreien, wenn es um den Kindergartenbesuch geht, aber zumindest funktioniert es ohne gröbere Probleme mittlerweile. Wünschen würde ich mir für alle Mütter auf der Welt, dass die Karenzzeit etwas länger wäre.

Ich weiß, dass der Kindergarten wirklich wertvoll ist und sie viel dort lernen, aber reicht das nicht ab drei? Noch ärmer sind meiner Meinung nach die Alleinerziehenden. Die sind schon sehr bald darauf angewiesen, die Kinder kurzzeitig weggeben zu können. Ich kann mir vorstellen, dass es da einige Mütter gibt, denen es genauso geht wie mir. Und die haben keine Wahl. Ob sich jetzt die Kinder anders entwickeln, wenn sie schon früh fremd betreut werden, darüber lässt sich streiten. Da hat jeder eine eigene Meinung dazu. Wir haben für uns das Beste herausgeholt, was zu machen war. Aber viele haben auch nicht die Möglichkeit, es noch hinaus zu schieben. Manche wollen es aber auch nicht anders.

Die wollen unbedingt bald wieder arbeiten und erzählen, dass es den Kindern woanders so gut geht, dass sie weinen, wenn sie mal nicht dorthin können. Das liegt bestimmt auch an der positiven Einstellung der Mutter. Wo die Kinder dann hingehen, ist ja auch Ansichtssache. Viele schwören auch auf Tagesmütter. Das wollte ich persönlich nicht, aber es ist sicher eine gute Alternative. In Wahrheit brauchen Kinder bis zum Pflichtkindergartenjahr wahrscheinlich auch nicht mehr als eine liebevolle Person, die sich um sie kümmert, auch ganz ohne volles Zusatzprogramm.

Weihnachten mit Kind

Ich bin ja generell ein Weihnachts-Fan, freue mich eigentlich das ganze Jahr über schon auf das nächste Fest. Überall ist dann alles geschmückt, es leuchtet und blinkt, riecht nach Mandarinen und Keksen. Im Radio spielen sie Weihnachtslieder. Es liegt ein ganz besonderer Zauber in der Luft. Mit Kind verleiht es dem Ganzen natürlich noch etwas ausgesprochen Besonderes. Und jedes Jahr erlebt man etwas Neues. Schon in der Schwangerschaft war es sehr schön. Ich war hochschwanger, hatte nicht mal mehr einen Monat zur Geburt hin.

Es war alles schon ziemlich anstrengend, da mein Sohn am Weihnachtstag extrem aktiv war, also lag ich die meiste Zeit nur auf der Couch herum; aber mit dem schönsten Ausblick auf den Christbaum und den Storch, den ich an diesem Abend bekam, und der drei Wochen später in unserem Garten stand. Das erste Weihnachten dann mit Kind war natürlich magisch für mich, auch wenn mein Sohn davon noch wenig mitbekam.

Wir feierten sein erstes Weihnachtsfest bei uns zu Hause. Das war mir sehr wichtig. Beim nächsten war´s dann schon so, dass er mehr Anteil nahm. Schon im Advent freute er sich auf jeden Tag, wo er ein Türchen im Adventkalender aufmachen durfte. Und dann am Morgen des Weihnachtstages, mit nur einer Socke bekleidet, die Windel bis zum Boden hängend und den Schnuller im Mund, mit leuchtenden Augen den Baum betrachtend, das war ein Moment für mich, an den werde ich mich ewig erinnern.

Abb.:06

An dem Abend waren wir auch mit ihm in der Kirche. Es war sehr schön alles! Das darauffolgende Weihnachten erlebten wir dann schon mit einem Kindergartenkind, und eine Adventszeit mit Nikolaus- Besuch im Kindergarten. Das Jahr darauf mit einem sehr aufgeregten Kleinkind, das dieses Mal zum Glück im Kindergarten das „Adventkind-Nummer vier" war und nicht wie das Jahr davor das zwanzigste.

Was in dem Jahr extrem auffiel, war sein großes Verständnis schon für das Fest. Er durfte sich seinen Kalender selber aussuchen, und wir schmückten den Baum am Vorabend auch selbst. Er hatte solche Freude, und für mich war genau zu diesem Zeitpunkt Weihnachten und somit der schönste Augenblick des Festes. Ich weiß von vielen Freundinnen, dass den Baum ja „das Christkind bringt", und die Eltern am Vorabend sich sehr bemühen, dies vorzubereiten.

Das machte ich in den ersten zwei Jahren auch so, aber nur, weil er noch zu klein war. Bei uns bringt den Baum nicht das „Christkind", sondern dieser wird mit dem Kind gemeinsam ausgesucht und geschmückt. Die Geschenke bringt dann das „Christkind". Bei meiner Mutter ist es nach wie vor so, dass keiner in das Wohnzimmer darf, bis nicht die Geschenke unter dem Baum liegen, und erst da sehen wir dann auch den Christbaum. Das war in meiner ganzen Kindheit so und blieb bis heute. Ich glaube, meine Mutter freut sich auch, wieder ein Kind damit überraschen zu können. Und so akzeptiert bei uns jeder zu Hause die gegenseitige Sichtweise. Ich denke mir: „Jeder so, wie er will". Und mein Kind wächst damit auf, dass es dort so ist und bei uns anders. Und keiner hat ein Problem damit.

Wir werden es auch dieses Jahr wieder so machen. Auf jeden Fall war dann der letzte Weihnachtstag selbst mit viel Kreischen verbunden. Mein Kind hatte also mit fast vier zum ersten Mal so richtig begriffen, dass – wenn er aufstand – das "Christkind" irgendwann kommen würde. Der ganze Tag war die reinste Aufregung für ihn. Und dieses Jahr stecken wir gerade mitten im Advent.

Wir waren schon am Weihnachtsmarkt, wo er heuer bereits wesentlich ruhiger mit uns herumspazierte. Wir backten Kekse miteinander und öffneten jeden Tag ein Türchen in seinem Wunsch-Adventkalender. Nun, mit fast fünf, bin ich schon sehr gespannt auf die erstaunten Blicke, wenn er seine Geschenke auspackt. Auch den Baum kaufen und schmücken wir wieder gemeinsam.

Ich freue mich schon auf meinen persönlichen Weihnachtsmoment. Womit wir dieses Mal echt bald dran waren, war das Dekorieren. Da wir im November Herzkontrolle hatten nach der OP im Oktober, und es nun fix war, dass wir Weihnachten wieder zu Hause verbringen durften, musste ich schon vor lauter Freude meine kreative Weihnachts-Ader spielen lassen. Auch mein Kind war so in Weihnachtsstimmung heuer, dass wir seit Ende November jeden Tag die Weihnachts-CD hören. Es ist und bleibt für mich einfach die schönste Zeit des Jahres.

Ich freue mich schon darauf, meine Lieben zu beschenken, die Tage mit ihnen zu verbringen, und auf alles drum herum.

In den Geschäften ist alles festlich geschmückt, den ganzen Tag hört man Weihnachtslieder, herrlich!

Kindergeburtstage

Gerade erst hatten wir unsere erste Geburtstagsparty mit von meinem Sohn selbst auserwählten Kindergartenkindern. Ich hatte schon „Bammel" davor, muss ich sagen. Da meine Mutter ja immer sehr tolle Partys für uns gab, wollte ich den Standard weiter halten.

Mein Bruder und ich haben beide im Sommer Geburtstag, deshalb fand das Fest immer im Garten statt. Dies ist ja im Jänner leider nur schwer durchführbar, also überlegten wir uns ein Programm für drinnen. Die typischen Spiele sind aber auch in einer Wohnung gut durchzuführen. Von „Autos aufwickeln", „Topf schlagen" bis zu einer Schatzsuche mit anschließender Jause war alles dabei. Den Kindern gefiel es Gott sei Dank gut. Aber ich hatte auch einen ziemlichen Aufwand dafür betrieben. Irgendwie habe ich das Gefühl, dass es mittlerweile einen regelrechten Wettbewerb unter den Eltern gibt, wer die tollste Geburtstagsparty „schmeißt".

Bei unseren Kindergartenmüttern dürfte es zwar nicht so sein, aber man hört es sehr oft, und irgendwie mache ich mir selber dann am meisten Druck. Letztes Jahr war mein Kind auf zwei Partys eingeladen, die wirklich super waren. Unter anderem konnten die Kinder sogar Pizzas selber backen...

Da wurde die Messlatte also dementsprechend hoch gelegt. Bei der ersten Party meines Sohnes mit von mir ausgesuchten Kindern (die Kinder von zwei meiner Freundinnen) legte ich mich ins Zeug, ich sag euch was! Da machte ich Autos aus Brötchen, Würstchen und Salat, wo sogar die Räder aus Gurkenscheiben liebevoll gestaltet waren.

Gegessen wurde nichts oder fast nichts, und übrig blieb ein Haufen Arbeit, was von den Kindern nicht so anerkannt wurde, wie ich es mir vorgestellt hatte. Dieses Jahr bastelte ich im Vorfeld schon Fahnen, die wir dann auf Wurststangen steckten und in die Semmel gaben. Die Kinder waren begeistert und aßen alles auf! Daraus lernte ich, dass weniger oft mehr sein kann. Und Kindern andere Sachen viel wichtiger sind, als wir uns denken. Auch die Geburtstagskuchen fallen ja immer wahnsinnig toll aus.

Man sieht Themen-Torten und regelrechte Kunstwerke, die oft auch extra vom Konditor bestellt werden. Da ja nicht nur *ein* Kuchen gebacken werden musste, weil das Kind ja mindestens zwei Mal feiert, gab es für die Kinder Muffins, die genüsslich verschlungen wurden.

Ich bin ja echt in die Richtung „perfekte Party" angehaucht, aber ich nehme mir stets vor, die jeweils gesammelten Erfahrungen vor dem nächsten Fest noch mal ins Gedächtnis zu rufen und mir nicht zu viel Arbeit aufzuhalsen. Eine Mischung aus „Ich schmeiß die beste Party" und „Ich tu´ mir gar nichts an" wird wohl das Beste für alle Beteiligten sein. Aber das Wichtigste an allem ist doch, dass das Kind einen wunderschönen Tag hat, völlig egal, ob im Fastfood-Restaurant oder im heimischen Garten, ob mit Motto-Torte vom Konditor oder Fertigbackmischung, ob mit Programm oder freiem Spielen. Hauptsache, das Kind geht am Abend ins Bett und erzählt hoffentlich von einem gelungenen Tag.

Faschingsfeste

Diese Jahreszeit war noch nie meins. Mit dem Verkleiden konnte ich nie sonderlich viel anfangen. Mir waren die Pyjama-Feste immer die liebsten. Im gemütlichen Schlabber-Look und höchstens aufgemalten roten Backen lässt es sich doch am besten feiern. Mein Kind kommt da – glaube ich – etwas nach mir. Bei seinem ersten Faschingsfest wollte er als ein gewisser Superheld gehen, aber sich nicht als solchen verkleiden. Also zog ich ihm ein T-Shirt seines Superhelden an und bemalte ihm eine Strumpfhose mit Spinnen-Netzen. Fertig war sein Kostüm. Im zweiten Jahr hatte ich es auch leicht, da er für seine gewünschte Verkleidung nur einen Anzug anziehen musste.

Beides war mit wenig Aufwand verbunden. Dieses Jahr soll es nun ein Konsolenheld sein. Da ich seit einem dreiviertel Jahr sehr viel nähe, wurde dieses Kostüm selbst gemacht. Allerdings so, dass es für ihn bequem ist, mit Bündchen-Hose und Langarm-Shirt. Natürlich bin ich stolz auf mein selbstgenähtes Kostüm. Meine Mutter hatte mir auch mal eines gemacht. Ein rosa Prinzessinnen-Kleid. Ich habe es heute noch im Kopf und war mega-stolz darauf. Dies ist eigentlich das Einzige, was mir in Erinnerung blieb. Ich bin gespannt, ob es ihm auch mal so gehen wird.

In Wahrheit ist es ja fast ein bisschen wie bei den Kindergeburtstagen. Wer hat das schönste Kostüm an? Umsonst gibt es ja auch keine Kostümwettbewerbe. Und wieder haben wir dieses Konkurrenz-Denken, das uns schon in frühester Kindheit auferlegt wird. Ich bin froh, wenn diese Zeit wieder vorbei ist.

Das Nachmittagsprogramm

In den Kleinkind-Jahren machte ich mir deswegen irrsinnigen Stress. Ob ich Lust hatte oder nicht, für mich mussten die Pflichtprogramme für die Woche erfüllt werden. Ich halte ja nicht viel davon, dass die Kinder täglich ein straffes Programm durchziehen. Sobald etwas bei mir zur Pflicht wird (also an bestimmten Tagen zu bestimmten Uhrzeiten), verliere ich den Spaß an der Sache.

Gleichzeitig stelle ich aber hohe Ansprüche an mich selbst, die besten Voraussetzungen für glückliche Kinderjahre zu ermöglichen. Allen voran das tägliche Maß an frischer Luft. Also gingen wir raus, wann immer es möglich war, auch wenn es sich nur um eine Runde Spazierengehen handelte.

Manchmal hatte ich absolut keine Lust dazu, aber der Frust, der dann im Kinderzimmer aufkam, wenn ich mein Kind nicht der frischen Luft aussetzte, hatte dann doch die Oberhand. Schließlich wird einem ja immer gepredigt, wie wichtig der tägliche Gang zum Spielplatz etc. sei. Mittlerweile ist es ja so, dass sie im Kindergarten recht oft schon am Vormittag draußen sind und es mir dadurch viel leichter gemacht wird, darauf zu verzichten, sollte ich einfach mal keine Lust dazu haben. Das kann ja schließlich vorkommen, vor allem, wenn das Kind ähnliche Interessen verfolgt und von einem entspannten Daheim-Tag nicht abgeneigt ist. Mit dem Kindergartenbesuch fallen auch gleich andere Pflichtpunkte weg. Diese sind: Kinderturnen und Kindertreffen. Ersteres hasste ich.

Da mein Kind nicht wie viele andere beim Aufbau der Turngeräte half, sondern leidenschaftlich gerne in genau die andere Richtung flitzte, war es mehr Stress für mich als Spaß. Es war aber nicht gerade billig, deshalb brachten wir es zu Ende. Eine Verlängerung des Vertrages kam für mich dann nicht in Frage.

Die Treffen mit anderen Kindern, die ich auch als sehr wichtig empfand (besonders da er ja Einzelkind ist), fielen teils auch weg beziehungsweise wurden weniger, weil er den ganzen Vormittag über sowieso unter Kindern war. Ich freue mich aber trotzdem sehr, wenn wir uns mit anderen Kindern und deren Mamas treffen, da auch ich sehr gerne zum Erfahrungsaustausch bereit bin. Aber jetzt eben nur dann, wenn es für uns beide passt, wir uns beide darauf freuen und nichts mehr erzwungen wird, nur damit der Junge in jeder Woche genug andere Kinder sieht. Spielgruppen fielen ab dem vollendeten dritten Lebensjahr sowieso weg, da es solche für größere Kinder ohnehin nicht mehr gibt; worüber ich jetzt auch nicht unbedingt traurig bin.

Ich hatte dort irgendwie ständig das Gefühl, sehr genau beobachtet zu werden, wie man mit dem Kind umgeht und ob man alles richtig macht... Musikschule ist auch noch nicht nötig, weil für mein Kind im Kindergarten einmal pro Woche eine Musiklehrerin zur Verfügung steht. Und alle anderen möglichen Früherziehungsprogramme – wie Englisch oder auch einfach nur verschiedene Sportmöglichkeiten – müssen erstmal ohne uns auskommen.

Ich habe das Gefühl, dass diese weder mir noch meinem Kind guttäten. Wir lieben „Pflichtprogramme" nicht und sind sehr gerne als Familie unterwegs. Lange brauchte ich dazu, unsere Interessen voranzustellen, und nicht das zu machen, was von anderen erwartet wurde. Sollte etwas anfallen, was mein Kind braucht oder ihm guttut, ist es keine Frage, dass ich dies dann natürlich auch zu vorgegebenen Pflichtterminen wahrnehmen würde. So war es bei Cranio-,

Physiotherapie oder jetzt Logopädie. Aber so lange es irgendwie geht, ziehe ich lieber mein eigenes Ding durch.

Spielsachen

Tja, auch bei Spielsachen gibt es sehr unterschiedliche Konzepte der Eltern. Erlebt habe ich da echt viel. Als ich noch klein war, hatte ich viele Brettspiele daheim. Bis heute ist diese Art von Spiel mir das Liebste. Auch jetzt haben wir etliche Brettspiele zu Hause, die meisten davon sind allerdings auf meinem „Mist" gewachsen. Ich habe schon bald versucht, ihm meine große Freude daran zu vermitteln und etwas davon auf ihn zu übertragen. Meist braucht es anfangs einen kleinen Stups meinerseits, dann findet auch er Gefallen daran. Seine Lieblingsspielart ist es allerdings nicht. In der Baby- und Kleinkindzeit hatten wir ein breites Angebot an Spielsachen zu Hause. Ich kenne Mütter, die von Anfang an ein gewisses Konzept haben und dies auch konsequent durchziehen.

So erinnere ich mich an eine Mama, die ihrem Kind nur Holzspielsachen zur Verfügung stellte. Vom Prinzip her fand ich das nicht schlecht, jedoch konnte ich mir nicht vorstellen, es nur bei diesem Material zu belassen. Wenn ihr Kind dann bei uns zu Besuch war und dieses mit unseren Sachen spielte, hatte ich oft das Gefühl, regelrechtes Entsetzen der Mutter zu spüren über das „Geblinke" und die dadurch vermeintliche Überforderung des Kindes. Zum Teil räumte ich dann schon vor ihrem Besuch manches weg. Dann gab es eine Mutter, bei der das Kind nur selbstgebasteltes/gestricktes/gehäkeltes Spielzeug bekam.

Dies beschränkte sich dann auf eine Kiste und wurde nach Bedarf durch Neues ersetzt. Auch ich bastelte gerne und holte mir Anregungen von Zeitungen, was man alles für das Kind aus einfachsten Materialien herstellen konnte. Aber es nur dabei zu belassen, war mir persönlich zu wenig. Als mein Kind etwas älter wurde und die „Autozeit" begann, hatte ich große Freude, da ich selbst schon als Kind immer sehr gerne mit Autos gespielt hatte. Der Inhalt der Kiste wuchs ebenso wie die Ideen, was man alles damit machen konnte. Wir hatten eine große Parkgarage zu Hause, hatten aber auch selber eine gebastelt. Leidenschaftlich gerne ließen wir die Autos auf selbstgebauten Schienen inklusive Sprungchance vom Küchentisch flitzen.

Nach und nach wurden dann Rollenspiele interessant, ganz besonders fiel es mir ab dem Kindergarten auf. Nun gingen auch die Autos und die Stofftiere im Spiel dorthin mit. Anfangs fiel mir diese Art von Spiel noch leicht, als es dann komplexer wurde, waren meine Mutter und mein Mann die richtige Anlaufstelle. Die beiden waren genauso fantasievoll wie mein Sohn, und ich wartete gespannt darauf, als Ausgleich mit ihm basteln oder Brettspiele durchführen zu dürfen. Anfangs machte ich mir selber noch Vorwürfe, dass ich nicht der geeignete Partner für jede Art von Spiel sei, mit der Zeit lernte ich aber den enormen Vorteil daran zu schätzen. Schließlich ist es doch für ihn auch spannender, mit unterschiedlichen Leuten unterschiedliche Spiele machen zu können. Und in der Zwischenzeit konnte ich meinen Haushalt erledigen. Je älter mein Sohn wurde, desto öfter konnte er dann auch für eine gewisse Zeit alleine spielen. Anfangs war ich sehr versucht darin, in sein Zimmer zu gehen und mitzuspielen oder ihm alles mir Mögliche anzubieten, wenn ihm langweilig war. Mit der Zeit lernte aber auch ich, dass Langeweile bei Kindern durchaus sein musste, um ihre Kreativität in Gang zu bringen. Hatte er sich dann etwas gefunden, versuchte ich mich unauffällig zu verhalten, damit er ja nicht aus seinem Spielkonzept kam.

Mittlerweile hat sich alles eingependelt, und das Spielen mit seinen Freunden wird immer wichtiger für ihn. Man merkt, dass er uns als Eltern nicht mehr bei allem braucht, und wir lernen auch diesen Abstand zu akzeptieren und die Zeit für andere Beschäftigungen zu nutzen, um dann, wenn er wieder kommt, mit viel Freude und Energie ein Familienspiel zu starten.

Einkaufen mit Kleinkind

Als ich schwanger war, dachte ich mit Vorfreude daran, mich an einem Vormittag bald gemütlich mit Freundinnen zu treffen und gemeinsam mit den Kindern shoppen zu gehen. Im Nachhinein kann ich mich original an einen dieser Vormittage erinnern, der dann genau so wurde, wie meine Fantasie es mir vorgegeben hatte. Schon alleine, was es da alles zu bedenken gab, bevor man überhaupt aufbrechen konnte - unglaublich. Vor allem sollte der Zeitpunkt stimmen. Das Kind muss ausgeschlafen sein, aber nicht wieder müde. Es sollte gegessen und im besten Fall dies dann auch schon verdaut haben, sodass man mit einem ausgeschlafenen, satten und frisch gewickelten Kind aufbrechen kann.

Ich habe zu Hause auch immer noch Snacks vorbereitet und etwas zur Beschäftigung, da ich kein Kind hatte, das sich damit zufriedengab, die vorbeilaufenden Menschen zu beobachten. Wenn man dann an seinem Wunschziel angekommen ist und hoffentlich einen Parkplatz gefunden hat, der groß genug war, um den halben Haushalt zu entladen, konnte der Spaß beginnen. Meist sind wir beide dann kurzzeitig schon etwas genervt gewesen, bevor wir überhaupt in einem Geschäft waren. Meinem Sohn, der leider nicht mit Geduld gesegnet wurde, konnte es natürlich nicht schnell genug gehen, bis seine Mutter ihn endlich in den Kinderwagen hob. Ich für meinen Teil, war dann auch immer sehr froh, wenn ich es geschafft hatte, den Kinderwagen aufzubauen, alles zu verstauen, und mein Sohn hoffentlich gemütlich und zufrieden drinnen saß. Mit ganz viel Glück geschah dies bei gutem Wetter. Unangenehm ist es bei höllischer Hitze, Regen oder eisigen Temperaturen, wobei ich es an solchen Tagen - wenn möglich - sowieso mied, einkaufen zu gehen. So, dann hatte man es geschafft und war inmitten des Geschehens.

Ich habe Tage erlebt, wo das Shopping ganz entspannt vor sich ging und wir glücklich wieder heimfuhren. Es gab aber auch Tage, an denen ich die Idee shoppen zu gehen, verfluchte. Oft ist es mir passiert, dass mein Kind genau an der Kassa alles Mögliche von mir wollte, und wenn ich nicht gleich darauf eingehen konnte, versuchte, seine Bedürfnisse lautstark zu verkünden. Ist das Kind im Kinderwagen gut angeschnallt, geht es ja noch halbwegs gut.

Saß der Kleine aber schon im Einkaufswagen, musste ich des Öfteren mit einer Hand mein Kind halten (das gerade versuchte, aus dem Wagen zu klettern) und mit der anderen zahlen. Eine Mutter bräuchte oft ein paar Hände mehr. Ist man dann mit einer Freundin unterwegs, kann das Vor- und Nachteile haben. Einerseits den Vorteil, dass die Freundin beim Bezahlvorgang die Kinder bespaßen kann, andererseits den Nachteil, dass nun zwei Kinder ihre Aufmerksamkeit einfordern.

Es bleibt jedes Mal spannend, wie so ein Tag verlaufen wird. Das Einkaufen von Lebensmitteln läuft dann eigentlich ähnlich ab. Den großen Vorteil sehe ich da aber, dass man mit Kinderwagen sowieso nicht recht viel zu verstauen schafft, sodass sich die Einkaufszeit auf ein Minimum beschränkt. Zum anderen, dass man meist große Einkäufe dann sowieso mit Mann erledigt und somit einer immer auf das Kind schauen kann. Tja, und somit werden alltägliche Erledigungen, über die man noch kinderlos nicht den geringsten Gedanken verschwendet hat, mit Nachwuchs dann zur logistischen Herausforderung.

Marken-Klamotten vs. Second Hand

Mein Kind war kein Jahr im Kindergarten, wurde er schon von einem anderen Kind angeredet, ob er leicht noch seinen Pyjama anhabe, weil er in Jogging-Hose kam. Ich war zutiefst beleidigt. Fängt das bitte schon mit drei Jahren an, dass man aufpassen muss, was man seinem Kind anzieht, um nicht von anderen Kindern gehänselt zu werden?? Ich blieb trotzdem dabei. Aber ein Beigeschmack war fast jeden Tag beim Anziehen spürbar. Mir ist es am wichtigsten, dass sich mein Kind gut bewegen kann und sich in seinen Klamotten wohl fühlt.

Darum fiel die Wahl hauptsächlich auf Jogging-Hosen für den Kindergarten. Mittlerweile ist er schon fünf, und da merke ich, dass ich mehr darauf achte, dass er bequeme Hosen trägt, die aber eher nach Jeans oder Ähnlichem aussehen. Als er noch mit Windeln im Kindergarten war, zog ich ihm auch oft einfach nur einen Langarm-Body unter die Jogging-Hose an, weil es am praktischsten war und der Bauch und Rücken immer schön warm blieb. Wenn er jetzt Jeans anhat, mit Bündchen wohl bemerkt, ziehe ich ihm dann zu Hause gleich was „Gemütliches" an.

Mir ist es auch herzlichst egal, wenn es Mamas gibt, die da ganz anderer Meinung sind. Ich bleibe dabei. Ein Kind muss sich bewegen können. Am ärgsten finde ich es, wenn kleine Babys schon Jeans anhaben (am besten noch knalleng) und man sieht, wie es sich beim Krabbeln plagen muss, weil alles „zwickt". Gut habe ich in Erinnerung, wie meine Tante meinem Kind zu Weihnachten eine Marken-Hose kaufte mit Reißverschluss. Ich glaube, die Hose hatte er ein einziges Mal an. Sie meinte, mich so einschätzen zu müssen, wie wenn ich immer sehr bedacht auf schöne Klamotten wäre und großen Wert darauflegen würde, dass mein Kind gut aussieht.

Leider hatte sie da noch ein sechzehnjähriges Mädchen vor ihren Augen, das mit hohen Absätzen und bauchfrei im Winter herumstöckelte, nur um gut auszusehen. Da bin ich mittlerweile kilometerweit davon entfernt. Bei mir selber, und vor allem bei meinem Sohn. Auch ist es mir völlig egal, ob unser Gewand von einem bekannten oder auch unbekannten Hersteller kommt.

Als mein Kind als Baby etwas pummeliger war und nur die Strumpfhosen einer teuren Marke passten, oder es so viel sabberte, dass wir nur die verstärkten

Lätzchen eines Marken-Geschäftes verwenden konnten, bleib mir nichts anderes übrig, als dann in solche Geschäfte einkaufen zu gehen. Aber wenn es möglich ist, besorge ich eher günstiges Gewand. Auch kaufte ich schon oft Second-Hand-Ware. Ich kenne Mamas, für die wäre so etwas nie eine Option. Jeder wie er mag. Ganz wichtig ist mir, das mein Kind immer der Jahreszeit entsprechend angezogen ist, ganz egal, ob er was anderes will oder es vielleicht zu wenig fein aussieht. Warm muss es sein! Und dicht :-)

Besonders achte ich jedoch auf die Schuhe. Da ist es mir wirklich wichtig, dass er sehr gute anhat und gab schon ein gefühltes Vermögen aus. Als er dann in den Kindergarten kam, besorgte ich immer ein günstigeres Ersatzpaar dazu. Das ist absolut in Ordnung für mich. Aber das Hauptpaar muss gut sein im Schuhwerk, in der Festigkeit, Dehnbarkeit und im Leder. Witzig ist dann aber zu beobachten, dass der Sohnemann oft lieber das Ersatzpaar anziehen mag. Auch für seine Hausschuhe fuhr ich immer in die Apotheke. So ein Paar kostet dann schon an die fünfzig Euro. Jetzt hat er die letzte verfügbare Größe. Mal sehen, wo die nächsten herkommen werden.

Generell bin ich auch sehr „schmerzfrei", wenn es um Kombinationen der Farben oder Motive geht. Bei mir, und auch bei meinem Sohn. Da kommt es schon mal vor, dass wir Streifen mit Punkten kombinieren oder Farben, die eigentlich nicht zusammengehören. Diesbezüglich kommt mein Sohn ganz nach mir. Er zieht leidenschaftlich gerne zwei verschiedene Socken an und liebt es generell bunt. Genauso wie ich. Das Leben kann so grau sein, warum sollte das, was wir tragen, nicht wenigstens bunt sein?

Kinderwagen

Die Auswahl an Kinderwägen heutzutage ist ja enorm; was Vor- und Nachteile hat. Das einzig nicht so Gute ist die mögliche Überforderung, welches Modell man jetzt nehmen soll, aber im Prinzip ist das ja auch bei allen Produkten in der heutigen Zeit so. Entweder man nimmt das Modell, das einem halt am besten gefällt und pfeift auf die unzähligen verschiedenen Meinungen, oder man erkundigt sich genau und hofft dann, sich richtig entschieden zu haben. Ich persönlich wollte eine bestimmte Marke, fuhr dann zu einem Fachgeschäft und ließ mich genau beraten, welcher Wagen aus der großen Produktpalette nun für uns am geeignetsten sei.

Dabei werden einem die unterschiedlichsten Fragen gestellt: Ob man viel im Gelände oder auf Schotter unterwegs ist, wie leicht der Wagen sein soll und vieles mehr. Aus war ich ursprünglich auf ein Modell mit drei Reifen, doch habe ich dann bemerkt, dass ein solches eher nicht geeignet ist für meine Anforderungen. Auch sind die Modelle alle unterschiedlich zusammenzuklappen für den Kofferraum.

Hat man einen Kombi, wird dies eher egal sein. Bei meinem kleinen Auto wurde es allerdings zum wichtigen Kriterium. Die Farbe durfte ich mir dann aussuchen, ich hielt es hier neutral, da ich ja nicht wusste, ob eventuell ein weiteres Kind folgen oder ich den Wagen wieder verkaufen würde. In so einem Fall ist eine geschlechtsneutrale Farbe sicher von Vorteil. Was ich nicht bedacht habe und mich dann öfters genervt hat, ist, dass mein Wagen nicht im Stand umzuschwenken war. Das heißt, der Griff konnte nicht in bzw. gegen die Fahrtrichtung verstellt werden. Es war zwar prinzipiell möglich, allerdings musste der Sitz inklusive Kind herunter und in die andere Richtung wieder befestigt werden.

Alle, die schon Kinder haben, wissen, was es dabei für ein Gewicht zu stemmen gilt. Als unser Junge noch in der Schale lag, wollte ich ihn sowieso immer für mich sichtbar haben. Außerdem denke ich, dass dies für so einen kleinen Zwerg sicher am besten ist, da er die Mutter immer im Blickfeld hat. Als es in Richtung Sportsitz ging, wollte er dann schon mehr sehen, außerdem spielte auch die Sonneneinstrahlung trotz Schirm eine Rolle.

So kam es, dass ich beim Spazierengehen meine Kräfte des Öfteren unter Beweis stellen musste. Aber was tut man nicht alles für sein Kind? Also, das wäre eine Sache, die ich bei der Wahl des Wagens noch mal bedenken würde. Ansonsten habe ich das Aussuchen des Kinderwagens sehr genossen. Für mich war dies einer der schönsten Momente in der Schwangerschaft. Ich war dann wirklich sehr viel mit ihm unterwegs, oft stundenlang. Das war eine wunderbare Zeit mit sehr unvergesslichen und entspannten Momenten.

Kindertransport

Es fängt ja schon in der Schwangerschaft an. Über das Baby, im Mutterbauch vermeintlich sicher geschützt, machte ich mir schon damals Gedanken: „Was wäre, wenn wir einen Unfall haben mit unserem Baby im Bauch?" Das Autofahren machte mir schon zu Beginn der Schwangerschaft nicht mehr sonderlich Spaß; nicht, dass ich je große Freude daran hatte – aber das ist wieder ein anderes Thema. In den ersten Wochen taten mir meine Mutterbänder sehr weh beim Fahren, und je mehr der Bauch wuchs, desto unangenehmer wurde der Gurt.

Ich achtete natürlich darauf, dass er unterhalb des Bauches lag, aber optimal war das auch nicht. Wenn wir länger fuhren oder auf rumpeligen Straßen, hüpfte mein Bauchbewohner mit, was dazu führte, dass es noch beschwerlicher wurde. Zum Schluss fuhr ich sowieso nicht mehr selber, ich weiß nicht mehr genau, ab wann, aber ich denke, es war so um das siebente Monat herum, als ich zum Beifahrer wurde.

Ich konnte mich einfach nicht mehr so gut konzentrieren und überließ das lieber anderen. Als das Baby dann da war, wurde die Angst mitgeboren, auch beim Autofahren. Schon am Weg vom Krankenhaus saß ich angespannt neben der Babyschale und hätte mich am liebsten schützend darüber gelegt. Mein Kind schlief friedlich. Die ersten Monate hatte ich dann einen zusätzlichen Spiegel montiert, damit ich sah, was mein

Kind da hinten machte. Am sichersten, so hieß es, sei er hinter dem Beifahrer, nur da sah ich ihn leider auch am schlechtesten. Nach der Babyschalen-Frage (die nicht zu schwierig war, da es nicht allzu viel Auswahl gibt und diese irgendwie alle gleich sind) kam die Sitzfrage.

Mein Mann studierte die Angebote der verschiedenen Hersteller, sah sich Testberichte an, erkundigte sich bei anderen Eltern. Irgendwie war dies eine emotional sehr belastende Entscheidung. Unser Bub kam uns einfach nun weniger geschützt vor, und da sollte es sehr gut überlegt sein, welchen Sitz man auswählt. Für mein Auto wurde es dann einer der teuersten.

Über dreihundert Euro blätterten wir dafür hin, aber er war wirklich toll. Einzig die Länge der Gurte störte mich ziemlich. Das war aber ein allgemeines Problem. Wir hätten unser Kind gerne noch länger in diesem Sitz gehabt, wäre das Gurtproblem nicht gewesen. Darum kam dann wieder die nächste „Sitzfrage". Dieses Mal waren wir etwas entspannter. Schlaffunktion etc. fiel schon weg, die Sicherheit war wie immer das Wichtigste.

Die Preise waren wesentlich günstiger, und nun kam der normale Gurt zum Einsatz. Für einige Zeit blieb er auch an seinem gewohnten Platz am Rücksitz, bis er irgendwann ständig fragte, ob er nicht vorne sitzen dürfe. Ich glaube, er war etwas über vier, als er dann nach vorne wanderte. Da mussten wir dann den Airbag nicht mehr ausschalten, da er in Fahrtrichtung saß.

Sollte ein Unfall passieren, wäre er bestmöglich geschützt, beruhigte ich mich selber. Und die Autofahrten wurden wesentlich entspannter, da ich jederzeit zu ihm greifen konnte und dies auch wieder ein Sicherheitsaspekt war, nicht nach hinten greifen zu müssen oder immer in den Spiegel zu schauen, ob es ihm da hinten eh gut ging.

Da dieser Sitz nun für das gesamte Kindesalter geeignet ist, hat sich dieses Thema für uns mittlerweile erledigt. Einen Sitzpolster haben wir schon seit längerem zu Hause, da dieser für sein Alter und Gewicht schon zugelassen ist und als Notfall dient.

Wir brauchten ihn schon mal, als uns mein Bruder vom Krankenhaus abholte oder ich ein anderes Kind aus dem Kindergarten mit nach Hause nahm. Wir sind also für alles gerüstet. Fährt ein Freund mit, möchte der Herr Sohn dann auch wieder hinten sitzen - zu meiner Freude.

Urlaub mit Kleinkind

Wenn man mit einem Baby oder Kleinkind verreisen will, braucht man entweder ein großes Auto oder extra viel Geld für das Übergepäck. Ich bin ja der Typ: lieber zu viel einpacken als zu wenig. So war ich auch schon ohne Kind. Schließlich muss man ja für alles gerüstet sein. Für kalte und heiße Tage, für Ausflüge und Badetage etc. Auch fällt meine Reiseapotheke immer etwas größer aus. Wenn dann der Sprössling mitreist, geht es erst richtig los.

Hat man ein Hotel gebucht, wo die Grundausstattung vorhanden ist, spart man wenigstens, die sperrigen Sachen (wie Fläschchenwärmer, Babyfon und dergleichen) mitzunehmen. Allerdings macht ja bekanntlich Kleinvieh auch Mist, und das macht sich in dem Fall ordentlich bemerkbar.

Ich habe allein für Fläschchenpulver, Brei usw. einen großen Rucksack gebraucht. Dann kommen etliche Windeln, viele Toiletteartikel, eine nochmalige Erweiterung der Reiseapotheke und viel viel Gewand dazu; nicht zu vergessen die Spielsachen und Stofftiere. Eher egal ist, finde ich, ob es für zwei Tage oder eine Woche auf die Reise geht.

Die Grundausstattung brauche ich so oder so. Vom Gewand her zum Beispiel wird es halt dann etwas mehr. Aber das fällt nicht ganz so sehr ins Gewicht. Koffer einpacken mit Kind ist ja auch immer ganz witzig, denn wenn man einräumt und das Kind gleichzeitig ausräumt, sollte man gleich mal die doppelte Zeit einplanen. Gut zu überlegen wäre dann auch der passende Zeitpunkt, um los zu fahren. Meist entscheiden sich die Eltern für das Nachtfahren, da dann die Kinder die meiste Zeit verschlafen. Wie lange sie durchhalten bis zum Erreichen des Zieles, ist ja auch sehr verschieden. Da kommt es sicher auch viel auf das Alter an, wie gut sich das Kind ablenken lässt und vor allem wie gut es das Fahren verträgt.

Eine Freundin fuhr mal vom Urlaub stundenlang mit zwei sich übergebenden Kindern nach Hause. Ich bekomme alleine von dem Gedanken schon alle Zustände. Praktisch ist sicher auch das Zugfahren. Jedoch nur für die Reise an sich. Denn wenn man nicht genug Hände frei hat, um alles rechtzeitig aus dem Zug zu schaffen und anschließend zum Mietwagen zu bringen, wird es hektisch. Eine Flugreise könnte ich mir persönlich mit Kleinkind nicht vorstellen. Ich wäre nicht entspannt genug, um meinem Sohn Sicherheit zu vermitteln.

Als ich einmal mit meinem Mann ans Meer flog, dachte ich mir im Flieger immer wieder, wie froh ich sei, kein Kind dabei zu haben. Alles eng, keine Ausweichmöglichkeiten, das Verschlagen der Ohren... Und dann vom Flughafen der Weg zum Hotel in einem heißen, überfüllten Bus. Nein danke! Ich habe mich in den Kleinkindjahren meines Sohnes immer am wohlsten in nicht allzu weit entfernten Ferienanlagen gefühlt, wo viele Kinder waren und wir nicht darauf schauen mussten, stets leise zu sein. Am liebsten habe ich im Urlaub Berge und Seen um mich. Ich bin ja der totale Stadtmensch, darum liebe ich dann zum Ausgleich den Urlaub am Land. Das Meer muss ich nicht haben, meine Männer allerdings wollen unbedingt demnächst einen solchen Urlaub. Hat man dann sein Ziel erreicht, wo auch immer dies sein mag, gilt es, sich sein Zuhause auf Zeit genau anzusehen und es sich gemütlich zu machen.

Meist will genau dann das Kind dieses und jenes und alles gleichzeitig und auf einmal. Der erste Tag ist somit meist mit viel Stress verbunden. Meiner Erfahrung nach fängt der Urlaub so richtig erst am zweiten Tag an. Die erste Nacht verläuft auch oft sehr unruhig, weil sich alle an das andere Bett, die anderen Geräusche und so weiter gewöhnen müssen.

Wie dann der Rest der Urlaubszeit verbracht werden kann, ist zum Teil ein Glücksspiel. Ich habe schon erlebt, dass ich sehr entspannt war und alle möglichen Umstände mir meine Zeit sichtlich vermiest haben, aber auch, dass ich Angst vor Streitereien im gemeinsamen Familienurlaub hatte und dann alle aber so gut gelaunt waren, dass der Urlaub ein voller Erfolg wurde. Für mich sind Situationen schwierig, wo mein Kind mir nicht die von mir gewünschte Dankbarkeit entgegenbringt.

Man gibt einen Haufen Geld aus, recherchiert die besten Ausflugsziele, und dann scheitert es an vielen Kleinigkeiten, bis diese sich so zusammen stauen, dass der Tag „gelaufen" ist. Am besten wäre dann, einen Haken darunter zu setzen und den nächsten Tag ohne Vorurteile anzugehen. Mir gelingt das mal mehr, mal weniger gut. Aber ganz egal, welche Gefühle man im Urlaub hatte, ob etwas nicht so gelaufen ist, wie man es sich gewünscht hat: Wenn ich zu Hause die Fotos ins Urlaubsalbum klebe, überwiegt immer der magische Urlaubsgedanke, der einfach so besonders ist, mich an schöne gemeinsame Momente erinnert und mir im Alltagstrott ein Lächeln ins Gesicht zaubert.

Abschluss

Alles in allem gibt es, glaube ich, nirgends so viele Themen wie rund um die Kinder. Es kommen die unterschiedlichsten Leute zusammen, die so nicht zueinander gefunden hätten. Auch gibt es tausend unterschiedliche Meinungen und Erziehungsstile, die uns Mütter jeden Tag vor immense Herausforderungen stellen, einen kühlen Kopf zu bewahren und jedem sein Ding durchziehen zu lassen. Ich bin dankbar für alle neuen Erfahrungen und Ansichten. Freundschaften wurden geschlossen, Freunde wurden aber auch dadurch verabschiedet.

Zum Glück überwiegt allerdings der große Gewinn an Erfahrung und neuen lieben Menschen. Ich bin mir sicher, es werden noch viele, viele spannende Tage auf mich warten, und ich werde immer wieder aufs Neue mit Themen konfrontiert werden, über die ich zuvor noch nie nur einen Gedanken verschwendet habe. Wünschen würde ich mir für die Zukunft viel Mütter-Solidarität, ein Zusammenhalten in schwierigen Situationen. Ein gegenseitiges Helfen, aber auch Akzeptanz der unterschiedlichsten Ansichten. Ich wünsche allen Familien ein aufregendes spannendes Leben mit ihren geliebten Kindern, aber auch ruhige Momente voller Ehrfurcht und Dankbarkeit, ein so kostbares Wesen bei sich haben zu dürfen! :-)

Quellennachweise

Titelseite:
https://pixabay.com/de/vectors/baby-kinder-familie-weiblich-2025691/

Abb.: 01
https://pixabay.com/de/vectors/junge-kinder-comic-figuren-vater-1300136/

Abb.: 02,
https://pixabay.com/de/vectors/junge-betreuer-karikatur-cartoon-2028527/

Abb.: 03,
https://pixabay.com/de/vectors/beobachten-tv-kind-fernsehen-home-2082788/

Abb.: 04
https://pixabay.com/de/illustrations/schwangere-frau-tun-yoga-4716243/

Abb.: 05
 https://pixabay.com/de/vectors/keim-bacillus-wütend-kampf-gegen-158107/

Abb.:06
https://pixabay.com/de/vectors/santa-claus-st-nicholas-x-mas-153309/